気になる子とともに育つクラス運営・保育のポイント

編著 守 巧
Takumi Mori

中央法規

はじめに

　以前、私のクラス（年中組）にS君という男の子がいました。私は、毎日のように友だちとのケンカが繰り返され、一向に改善がみられないS君の行動に日々悪戦苦闘し、焦っていました。「何とかして楽しく友だちと遊べないものか」と日々思案していました。一方で、当時の私は、S君に「こうしてあげたい！」という思いだけで、大事なS君の気持ちを"置いてけぼり"にしていたように思います。

　そんなある日、S君はボールの使用をめぐって、園庭で友だちと言い合いになり、相手を叩いてしまいました。この頃のS君は、"叩いた・叩かれた"というケンカが絶えませんでした。駆けつけた私を前に、気まずそうにしているS君。私も状況を見て、「また衝動的に手が出たのか…」と思い、S君への言葉を探していました。

　とりあえず、場所を変え、トラブルに至った経緯を2人で話していると、S君はとても悲しそうな顔で、叩いた手を見ながら「僕、この手いらない…」と言いました。S君本人も、思わず手が出てしまう行為を悔やんでいることが痛いほど伝わってきました。経験も知識もない未熟だった私は、S君にかける言葉が見当たらず、2人であふれ出しそうになる涙を必死でおさえるのが精いっぱいでした。今でも決して忘れられない場面の一つです。

　S君のような気持ちで園生活を送っている子ども、そしてS君に声をかけられなかった私のような保育者は、全国にたくさんいるの

ではないでしょうか。気になる子の気持ちに寄り添いたい、何とか支援したい、という思いがあるものの"具体的な次の一歩"が見いだせず、困っているのではないでしょうか。あのとき、私がS君の苦手な部分を読み取り、対応が整理できていたらS君にかける言葉が見つかったかもしれません。

　「気になる」という気持ちは、保育者と子どもとの間に生じる感情です。つまり、双方の関係性が深まれば、気になる行動への支援がみつかるはずです。同時に、「その子理解」が充実していくかもしれません。

　そこで、日々気になる子と向き合い、格闘している全国の保育者、そしてクラスに自分の居場所を必死でみつけようとしている全国の気になる子にエールを送るべく、本書を作りました。本書の大きな特徴は、多様な視点から具体的にかつ"集団"を意識した支援を取り上げています。また、支援をより有効にするために求められるクラス（集団）のつくり方にも触れています。

　最後に、本書に書かれている内容は、具体例の一つにすぎません。実はまだ、「未完」の状態です。完成するためには、ここで書かれている支援にこれまであなたが現場で培ってきたものをプラスし、アレンジをする必要があります。是非、あなたとあなたの気になる子とで、オンリーワンの支援を作ってください。

2015年12月　守　巧

もくじ

第1章 園における「発達が気になる子」とは……1

1. 多めの支援が必要な子どもたち　2
（1）気になる子どもって？　2
（2）「その子理解」の大切さ　3
（3）障害を適切に理解するには　4
（4）特別な配慮が有効に働くために　4

2. 個と集団のバランス　6
（1）"共に育つ"という視点　6
　①個と集団を考える
　②気になる子を受け入れる風土づくり
（2）"他児を育てる"と"他児に任せる"とは違う　9
（3）気になる子に対する「ずるい！」　10
　①「どうしてしなくていいの？」
　②「ずるい！」の気持ちはどこから？
　③気になる子とのかかわりは見られている
　④子どもなりの障害についての受け止め方

3. クラス全体への工夫　16
（1）保育者と子どもの関係づくり　16
（2）気になる子とつながるために　17

4. クラス内の集団を集合体として捉える　19
（1）通常の保育がカギを握る　19
（2）群として捉える　20
（3）視点を整える　23

5. 配慮が必要な子ども　24

（1）気になる子どもの背景　24
　①発達障害によるもの
　②不適切な養育環境によるもの
　③園環境とのミスマッチ

第2章　事例から学ぶ「個」と「集団」への対応ポイント……31

〈一斉活動場面〉

- **場面1：食事** 食事中に席を離れて、部屋を歩きまわっています　32
- **場面2：遊び** 勝ち負けに強いこだわりがあり、かんしゃくを起こします　38
- **場面3：片づけ** 活動の切り替えに時間がかかり、遅れてしまいます　44
- **場面4：お話** 説明をしている保育者を遮って、一人で話し出します　50
- **場面5：製作** 製作活動に参加せず、何も始めようとしません　56
- **場面6：運動会の練習1** 運動会のリレーの練習が苦手です　62
- **場面7：運動会の練習2** 運動会の組み立て体操の練習が苦手です　68
- **場面8：運動会の練習3** 運動会のパラバルーンの練習が苦手です　74

〈自由活動場面〉

- **場面9：朝の準備** 朝の身支度に時間がかかり、取り残されることがあります　80
- **場面10：ごっこ遊び** ルールを守って遊ぶことが苦手で、一人で浮いてしまいます　86
- **場面11：順番を守る** 順番を待たないで横入りをするため、トラブルが絶えません　92
- **場面12：危険な行為** 危ない行動が多く、けがや事故につながりかねません　98
- **場面13：ケンカ、トラブル** クラスの子をすぐ叩き、ケンカになることが多いです　104

第3章 「発達が気になる子」の保護者への対応……111

1. 気になる子の保護者への対応　112
- （1）なぜ連携がとりにくいのか　112
- （2）伝える前にやるべきこと　113
- （3）保護者の「今の状態」を捉える　115

2. 保護者とのやり取りで配慮すること　117
- （1）保護者対応の基本的な姿勢　117
- （2）「その場限りの安心」や「ストレートな表現」の危険性　118
- （3）子どもと同じように家族もそれぞれ違う　119
- （4）子どもの状態が伝わることをゴールにしない　120
- （5）保護者の気持ちの揺れに寄り添う　121

3.「家では困っていません」という言葉の背景　122
- （1）困らないシステムを"つくる"　122
- （2）親が一方的な関係を"つくる"　123

4. 気になる子の保護者と他児の保護者との関係　124
- （1）トラブルへの対応　125
  - ①中立的な立場をとる
  - ②サポーターをつくる

第1章

園における「発達が気になる子」とは

❶ 多めの支援が必要な子どもたち

（1）気になる子どもって？

　気になる子どもが増えている、という言葉を耳にします。たしかに、筆者が幼稚園や保育所を巡回相談で伺うと「増えている」と実感することが多いです。

　ある保育所に伺った際、気になる子どもが当該クラスに3名在籍していました。担任保育者から3名についての説明がありました。A君は、行動的で保育者がつきっきりでないと本人も友だちも危険という子どもでした。A君は、言葉でのやり取りが苦手で、思ったことをすぐに行動に移します。そのため思い通りにならないと友だちを叩いたり、危険な行為（高い所に昇るなど）をしたりします。保育者は、A君から目が離せず、「どうかかわったらよいか」と頭を悩ませていました。

　Bちゃんは、知的な遅れがあるのか、活動において指示を出しても理解する力が弱いため、結果として個別のかかわりが増えるという状態でした。保育者は、「どのように声かけをしたらBちゃんがわかってくれるのか」と悩んでいました。

　C君は、A君と比べると友だちと遊んでいる姿は多いのですが、自分の考えや思いと友だちの考えや思いとが違っていると途端に怒り出して遊びから抜け出し、気分にムラがある子どもでした。保育者は、「どのようなアプローチをしたらC君が友だちと遊びを続けることができるのか」と悩んでいました。

　しかし、そのクラスにはD君というおとなしく友だちとのかかわりが乏しい子どもがいました。D君は、一つひとつの行動を周りの友だちの様子を見な

がら、なんとか集団に"ついていっている"状態でした。保育者はタイミングをみてD君と遊んだり、みんなに説明した後にもう一度個別に声をかけたりするなどの援助をしていました。

おそらくこの保育者は、「D君はこのようなポイントでつまずき、このような援助が必要である」ということが理解できているため、「気にならない子」として映っていたのでしょう。

これらのことから、保育者にとっての「気になる子」というのは、どのようにかかわってよいのか"わからない子ども"であると考えられます。また、必ずしも「気になる子＝障害がある子」ではないこともわかります。

したがって、支援が必要な子どもというと発達障害をすぐにイメージしますが、障害の有無が気になる子をめぐる議論の中心ではなく、保育者が子どもをどのように見立て、援助をしていくか、を議論の中心におくことが大切になります。「どうして？」という戸惑いや「かかわりはこれで大丈夫？」という不安が根底にあると、その保育者にとって「気になる子」として映るのです。

（2）「その子理解」の大切さ

保育者が捉える「気になる子」の姿は、何となくイメージできたかと思います。では、もう少し「気になる子」について考えましょう。先述したように、子どもの言動の意味がわかれば、「気になる」という気持ちは減少していきます。つまり、「子どもが困っていること」や「求めていること」を保育者が理解できれば、漠然とした「気になる子」という言葉ではなく、「友だちとのかかわりで悩んでいる子」「抽象的な言葉だと混乱する子」という表現に変わるはずです。

もう少し掘り下げて考えてみましょう。肢体不自由がある子どものように障害の内容や援助方法がある程度わかる子どもに「気になる子」という言葉は使いません。保育者の「その子理解」が不十分のために、また「かかわり

の見通し」がもてないために「気になる」という言葉を使うのです。

この意味で保育者は、今一度「その子理解」に立ち返る必要があります。これは気になる子、気にならない子問わず、園生活のどの場面に困難さをもっているのか、またはどのような課題があるのか、などの一人ひとりの理解を深めるという**洞察的な姿勢**が求められます。

（3）障害を適切に理解するには

保育者の多くは、気になる子と接するとすぐ障害に関する専門的知識が必要だと強く感じてしまいます。最近では、発達障害関連の書籍が増えており、メディアでも積極的に取り上げられています。また、発達障害に関する保育者向けの研修会も充実してきています。保育者として学び続けることは非常に大切ですし、気になる子の姿を理解しようとしたり、障害の基礎的な知識を得てよりよい援助を模索しようとしたりすることは必要なことです。

しかし、障害に関する知識は、保育者の保育観や保育技術が土台となって、その上に積みあがっていくものです。<u>子どもの言動を発達障害の症状に当てはめ、方法ありきのかかわりに偏らないよう気を付けたいものです。</u>

（4）特別な配慮が有効に働くために

気になる子とのかかわりに悩み困っている保育者にとって、有効性や即効性がある手立ては大変魅力的です。たしかに模索し続け、「どのようにかかわってよいかわからない」という"五里霧中"の状態にある保育者にとって当然のことだと思います。ただ、有効と思われ、かつ具体的な手立ての実践の前に、確認しなければならないことがあります。

それは**気になる子と保育者の関係**です。気になる子どもの"課題"について言うことができても、そ

の子の"得意なこと""好きな遊び（友だち）""集中する遊び"などポジティブな面が出てこないという保育者は少なくありません。

　気になる子が集団生活に適応し、生活しやすい環境になるために、気になる子のマイナス面の減少を求めることは、理解できます。熱心な保育者ほど、課題をそのままにせず、何とか改善や解決に向けてかかわろうとします。しかし、<u>時にその熱心さが、気になる子のポジティブな面を見えにくくすることがあります。気になる子の否定的な評価がクラスに蔓延していると、本人ではどうしようもないレベルで自分に関する評価が決まってしまう</u>からです。

　もし自分が、毎日のように保育者から"園生活において自分が動いたり、言ったりするたびに注意されたら"、そして"その注意の内容がよくわからなかったら"、そして"友だちからも同じような注意を受けたら"、そしてそれによって"友だちから距離をおかれたら"と考えたら、気になる子の気持ちやクラス内の居場所が想像できるのではないでしょうか。

　よく幼稚園や保育所において、「園生活」という言葉を使います。子どもにとって園は、生活をする場なのです。最近では幼稚園・保育所において、園で長時間を過ごす子どもたちが増えています。その長い時間を過ごす場所は、誰にとっても心地よくなければなりません。幼稚園・保育所は、あくまでも**「生活をする場」**であって「訓練をする場」になってはいけません。

　子どもの自主性や主体性を願うとき、前提には"できることは何で、できることをどのように生活の中で発揮していくのか""クラスの中にあたたかいまなざしがあるか""安心できる保育者との関係性があるか"という視点が必要不可欠です。子どもや大人問わず、日々苦手なことに目を向けられ、注意や叱責を繰り返されたら、その場は苦痛を伴う場として変化します。<u>「先生が見ていてくれる」「友だちが何とかしてくれる」という安心感のもとで自発性や主体性が発揮できます。</u>まず保育者は、子どもが繰り返す遊びの中の変化を捉え、働きかけ・かかわりのヒントを得ようとする丁寧な保育を

心がけましょう。

これらのことを踏まえて、はじめて特別支援教育の方法が有効化されていきます。

❷ 個と集団のバランス

（1）"共に育つ"という視点

　本書の特徴は、個別の支援と集団へのかかわりのバランスを捉える視点を大切にしている点にあります。特別支援教育が充実してきていることもあり、特別な配慮が必要な子どもに対する個別の対応は、保育現場にも浸透しつつあります。

　しかし、近年では個別の対応を重視しすぎることによる新たな課題も生じてきています。筆者は、巡回相談において「担任として気になる子の支援をがんばっていたら、気になる子と友だちとの接点を失ってしまった」という話を耳にします。では、なぜこのような状態になるのでしょうか。

①個と集団を考える

　もしかしたら、**「個と集団」**と聞くと、「一人ひとりにかかわっていると集団が育たない」「集団を優先すると個が犠牲になる」という相容れない要素をもっているように感じるかもしれません。しかし、子どもたちは友だちと

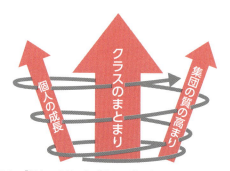

図1　「個人の成長」と「集団の質の高まり」の相乗効果

一緒に生活することを通して多くのことを学び、成長していきます。クラスの中で一人ひとりの子どもが成長すると、それがクラスの質を高める力として作用します。同時に、クラス集団の質が高まりをみせると、それに呼応するかのように一人ひとりの子どもが成長していきます。個は集団のために存在し、集団は個のために存在する、という考え方だと理解しやすいかもしれません（図1参照）。

「個と集団」について捉えると、それぞれを車の両輪としてイメージしがちです。たとえば、"右側の車輪を個""左側の車輪を集団"というイメージです。しかし、そのイメージだと「個と集団」の充実をはかるために、両輪を大きくして前進しようとしてしまいます。しかし、この場合だと両輪を大きくするには非常に時間がかかります。この「時間がかかる」というのは、保育者が双方の成長を感じるまでの時間です。"両輪がバランスよく、大きくなる"には想像以上に難しいものです。場合によっては車輪が大きくなる前に、疲弊して、停まってしまうかもしれません。

次に「じゃあ、まずは最初に個の充実をねらおう！」と思い、仮に右側の車輪を大きくしたとします。そうすると右側（個の車輪）の車輪だけが大きくなってしまい、左側の車輪（集団）の大きさが変わらないので、バランスを崩し偏った走行になります。そして、その結果迷走してしまいます。当然その逆も当てはまります。

では、"車輪"ではなく、"竹馬"というイメージではどうでしょうか？　仮に"個＝右足の竹馬""集団＝左足の竹馬"とします。右足は左足のためにあり、左足は右足のためにあります。バランスを崩さず前進するには、どちらかにこだわっていてはいけません。竹馬は、歩き始めは不安定な状態で進みますが、左右

2　個と集団のバランス

を交互に小刻みに動かすことで何とか前進していきます。徐々に慣れてきて、スピードがのってくると歩幅も広がり、安定性が増します。

　つまり、「個と集団」を考えるときは、"どちらが大事か"というよりも"どちらも大事"と割り切り、「前進すればよし！」というおおらかな心持ちが必要となります。これを「個と集団」で置き換えて、個別対応と集団づくりを交互にこまめにクラス運営に取り入れます。歩き始め（新学期当初）は、小刻みに左右を動かし（一方にこだわらず、個と集団づくりを徐々に育む）、スピードがのり（気になる子と保育者、気になる子と他児、他児と保育者の関係ができる）、安定性が出てきます（個と集団の双方が育っていく）。クラス全体が安定していけば、保育者の時間的・精神的余裕が出てくるため、個別にかかわる時間の確保がしやすくなります。

②気になる子を受け入れる風土づくり

　保育者がクラス運営を考えるときに押さえておきたいこととして、個人が尊重される集団をつくることです。そのためには、前述したように子ども同士がお互いの良いところや得意なことを認め合える関係が求められます。子ども同士が互いのできることを十分に知ったうえで、できないことや苦手なことも自由にみんなの前で出せる雰囲気をつくっていくことです。そして、保育者は一人ひとりの特徴がクラス集団としての特徴として生かされているか、という視点が必要になります。

　気になる子どもは、集団活動が苦手です。しかし、苦手なことや短所を出せる、お互いをけん制しない雰囲気がクラスにあれば、「○○君は△△が苦手なんだよね。けど□□は上手だよ」と言いながら気になる子の欠点を他児が受け入れていくことでしょう。このような素の自分が出せて**安心できる雰囲気**のもと、気になる

子や他児にとって豊かな園生活を営めるといえるのです。雰囲気とは抽象的であいまいな表現であり、目に見えないものです。しかし、保育者はこの「目に見えないもの」にどれだけ気を配れるか、が発達の専門家か否かの分かれ目だと思います。

（２）"他児を育てる"と"他児に任せる"とは違う

　お互いに長所も短所も出し合える集団をつくっていくと、気になる子をサポートしようとする子どもが出てきます。集まりの時間を知らせに行ったり、製作活動で工程を忘れていたら教えたり、といった姿があります。保育者が積極的に促さなくても、お互いに支え合うシステムのようなものができていきます。気になる子も他児からの忠告を抵抗なく受け、他児も自然とサポート役をしたりします。

　しかし、ここで注意すべきことがあります。よくクラスには、"しっかりさん""お兄さん的存在""お姉さん的存在"といった子どもたちがいます。理解力があり、友だちの気持ちや状況を的確にキャッチできる子どもです。ここでとても大切なことは、<u>保育者はこのような子どもたちに気になる子を任せすぎないこと</u>です。「A君、B君（気になる子）よろしく」「ほらA君、B君（気になる子）に教えてあげて」という言葉かけは禁句です。保育者はつい手が足りない状況からこのような言葉を他児にかけたりします。「わからない、あるいはできない友だちを助けるのはいけないこと」というのではありません。問題としているのは、「常にA君はB君係」という枠組みです。保育者は、A君のサポートを受けることでB君の生活や活動が先に進み、気持ちが楽になるかもしれません。では、A君の気持ちはどうでしょうか。B君のサポートを自ら「望んでしているのか」と先生に「お願いされてしているのか」とは、大きく違ってきます。

　サポート役を固定すると次の２点が弊害として現れます。一つは、評価を得るためにサポートをする子どもが出てきます。みんながみんなそうとは限

りませんが、現実的にそのような子どもがいることは確かです。

　もう一つは、気になる子がサポート役の子に頼り切ってしまいます。気になる子は、特性ゆえに生きづらさをもっています。生きづらさゆえに自分が誰を頼ったらよいか、ということに長けている面をもっています。そのため、自分でできる活動なのにすぐに頼ることを学習していく危険性があります。

　気になる子のサポートする子を、固定ではなく流動的にするためには保育者の働きかけが柔軟でなければなりません。もし気になる子を自発的にサポートしている他児をみたら、さりげなく認めましょう。また、サポート役で評価を得ようとする子どももまた、気にしなければならない子どもです。サポート場面とは別にその子のつまずきを確認しつつ、自由活動場面などの他の場面で評価しましょう。

（3）気になる子に対する「ずるい！」
①「どうしてしなくていいの？」

　子どもは、幼稚園や保育所ではじめて**社会的な集団**に入り、友だちと接し、時にはぶつかり、自分とは違う考えをもっている人の存在を知っていきます。この経験を通して、自分の気持ちと相手の気持ち、もしくは自分と相手の意見の折り合いをつけていきます。自分とは考えや生活環境が違う人と生活を共にし、多様な経験を通して生きる術を身につけていきます。このプロセスを経ていくことで子どもたちは社会性を養っていきます。

　幼稚園や保育所で養う社会性の一つに、園でのルールが挙げられます。この園でのルールは、みんなが心地よく生活するためのものであり、"並ぶ"や"待つ"といった約束が挙げられます。

　しかし、気になる子は園での約束を守ることが苦

手です。順番を守らず、列に割り込んだり、他児が使っているおもちゃを勝手にうばったりします。このような気になる子の行動に、保育者が「その子理解」に努めず、「〇〇君は仕方ないの」といった強制的かつあきらめの心持ちで接していると他児は不満や不安を抱きます。たとえば、「私は、嫌な片づけを我慢しているのに、どうして〇〇君は片づけをしなくてもいいの？」「使っていたおもちゃを取られたのに、どうして私が我慢しなきゃいけないの？」と不満をため込む子どもが出てきます。

　以前、筆者のクラスに、気持ちの切り替えが苦手な気になる子（仮にＢ君とします）がいました。Ｂ君は、いつも保育室に入ることを拒みました。片づけを知らせても、決まって片づけをしないで最後まで遊んでいました。私はどのようにかかわったらよいかわからなかったので、藁をもすがる思いで参加した研修会で「（片づけを）無理強いしない」という方法を知り、実行しました。

　するとある日、筆者がＢ君に代わってＢ君の周りにあるおもちゃの片づけをしていたところ、クラスメイトのＡちゃんが、私の顔を覗き込みながら「どうしてＢ君はいつもお片づけしないの？　どうして先生は怒らないの？」と言ってきました。私はＡちゃんに対する返答の言葉をもち合わせておらず、ハッとしました。そのときは、苦し紛れに「人のことはいいの。Ａちゃんは片づけをしましょう」と言うのが精いっぱいでした。Ａちゃんにとっても、Ｂ君にとっても大変失礼なことをしたと未だに消えない苦い思い出です。

　これに近い出来事を体験している保育者は、実は筆者だけではないのではないでしょうか。気になる子への接し方を模索している保育者は、「〇〇君だけやらなくてよいのだろうか…」といった不平等感やうしろめたさ、または「これはどこまで許したらよいのか…」といった迷いや焦りがあります。実は気になる子に必死に対峙している保育者は、その場その場を手さぐりの状態で接していることが多いのではないでしょうか。保育者として不適格か

もしれませんが、他児からのこのような気になる子への不公平に関する指摘に対して、「○○君はいいの…。許して！」と許しを請いたい衝動にかられることもあるかもしれません。

②「ずるい！」の気持ちはどこから？

残念ながら、「そんなときの対応はこれ！」と提示できる明確な方法はありません。しかし、この問題を解決に向けて考えるなら、まずは「ずるい！」と感じた子どもの気持ちに思いをはせることから始めなければならないように思います。

先述したAちゃんは、これまでの筆者とB君のかかわりを見ていたのだと思います。つまり、直前に思いついた疑問ではなく、これまでの筆者のB君へのかかわりを見てきて、Aちゃんは常に疑問を感じ、その疑問を解消できないままでいたのだと推測できます。Aちゃんの疑問は、徐々に蓄積したものだったのでしょう。さらにAちゃんの気持ちを深く捉えるならば、片づけをしないB君や片づけを促さない筆者を見て「B君はずるい → B君のように私も遊びたい → 私は我慢している → 先生、B君みたいに私も見て」というメッセージと解釈できます。少し飛躍しているかもしれませんが、Aちゃんの感情が蓄積し、解消できなかったプロセスを考えてみると、あながち遠くはありません。そして、保育者として受け止めなければならないこととして、「先生、B君みたいに私も見て」は「先生、B君みたいに私も気にして」に置き換えられるのではないでしょうか。このように考えると、AちゃんはB君と同じように手厚いかかわりを求めている子で、筆者が気にし

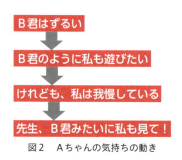

図2　Aちゃんの気持ちの動き

なければならない子だったといえます。

　クラスメイトのAちゃんの発言を"対応に困る指摘"と捉えるか、"何らかの援助を求めているメッセージ"と捉えるかでAちゃん理解の土台が違ってきます。また第二のAちゃん、第三のAちゃんが出てくるかどうかも違ってきます。

③気になる子とのかかわりは見られている

　子どもは、自分と他の子への対応の違いにとても敏感です。保育者の文化として"みんな一緒"という価値観があります。たしかに、子どもは"一緒"という言葉は好きで、連帯感や共有感を育むには的確な言葉です。ただ、この言葉が先行しすぎると気になる子への援助を見誤ります。

　先ほどの筆者のエピソードを例にして説明します。

　たとえば、B君を**"特別な配慮"**として私が強調した形でクラス運営をすると「B君は特別。あとはみんな一緒」となります。そうではなく、「B君は〇〇というかかわり、Aちゃんは△△というかかわり、C君は××というかかわり」といったその子の特徴にそったオーダーメイドのかかわりが求められます。この営みを通して子どもは「今はB君とかかわっているんだ。けど先生は私が困っていたら、B君のように私のところに来てくれる」という目に見えない信頼関係がうまれます。気になる子がいるクラスにおける生活は、いかに保育者が他児とつながっているかが勝負となります。

　繰り返しになりますが、他児は気になる子と保育者のかかわりを見ています。気になる子は、その特性ゆえに保育者と関係を築くことが難しい面をもっています。それは他児にとっても同様で、他児も気になる子とどのようにかかわってよいか模索しています。そこで他児はどうするかというと、手がかりの見本を保育者に求めます。つまり、かかわりの見本である保育者が気になる子に対して肯定的にかかわっていれば、自然と他児も肯定的なまなざしを気になる子に向け、仲間として受け入れようとします。

しかし、逆に気になる子の行動を保育者が否定的に捉えていると他児もそれに準じ、否定的なまなざしを向け、邪険に接したり、仲間としての認識が乏しくなったりします。

　他児の前で「何回言ったらいいの？」「なんでできないの？」といった発言は、「できない子」「叱られてもしょうがない子」「迷惑な子」だと周囲にアピールしていることになります。

　そうはいっても、保育者自身が気になる子のすべてを理解し、適切な行動をとれるとは限りません。気になる子への対応に苦慮することもたくさんあるのが現実だと思います。保育者は「この子にあった援助は何か」「どうしたらわかってもらえるだろうか」と思い悩むことがあるかと思います。しかし、保育者の「気になる子を思い、真摯に向き合う」という気持ちは、確実に他児に伝わっています。そして、周囲の子どもたちなりに気になる子を理解しようとします。周囲の子どもたちの気になる子への捉えを信じてよいのです。そうすることで保育者の気になる子への行動は、他児にとって不平等に映るのではなく、気になる子と保育者の多様なかかわりとしての"一つの向き合い方"と認識されていきます。

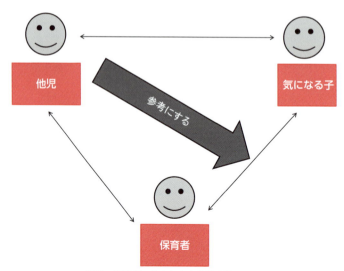

図3　保育者のかかわりを他児は見ている

④子どもなりの障害についての受け止め方

　子どもたちは、障害の有無で"その子理解"をしていません。子ども同士の関係では、障害を肯定的とも否定的とも受け止めません。障害を含めてその子を理解しようとします。つまり、障害もその子を説明する一部分にすぎないのです。

　保育の場では、このような子どもから見た障害を適切に理解しなければなりません。仮にここで障害がある子をＢちゃんとします。保育者を含め、大人から見た障害は、Ｂちゃんを説明するためには大きな要素となります。一方、子どもたちから見たＢちゃんは、障害も含めて全部がＢちゃんです。大人は知識や経験から障害名を通してＢちゃんを捉えようとする傾向があります。しかし、子どもはＢちゃんを通して障害名を見ようとします。端的に示すのであれば、大人は「障害があるＢちゃん」と捉え、子どもは「Ｂちゃんは障害もある」と捉えます。

　保育者は、障害について過敏になり、Ｂちゃんの状態を他児にどのように伝えるか、といったことに頭を悩ませることが多いかもしれません。しかし、現実的に子どもは、「保育者にあれこれ手伝ってもらっているＢちゃんのこと」を自然と理解しているのではないでしょうか。

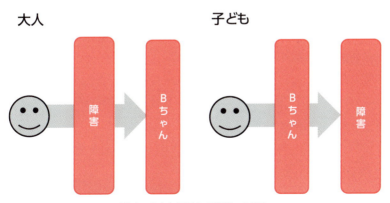

図4　大人と子どもの障害への捉え

❸ クラス全体への工夫

（1）保育者と子どもの関係づくり

　ここでは、保育者、気になる子、他児の三者の関係づくりについてふれます。

　保育現場をはじめ対人援助職においては、信頼関係は必須であり、援助にあたる前提となる言葉です。**"関係を築く""信頼関係がすべての始まり"**といった話は、日常的に使われています。

　しかし、あまりにも日常的すぎて、また保育にあたるすべてのスタートラインのような印象を与えています。「どのように子どもたちに働きかけたら信頼関係を築くことができるのか」「どのようなことを大切にしたら関係はつくれるのか」といった具体的な観点は各保育者に任されている部分が多いのではないでしょうか。

　クラスを任されている保育者は、集団の構成員である一人ひとりの子どもたちと信頼関係をつくらなければなりません。ただ、信頼関係をつくるといっても容易なことではなく、ましてや気になる子がクラスに複数いる場合はさらに難しいかもしれません。

　そこで、気になる子がクラスにいる場合の信頼関係のつくり方を説明していきます。

　保育者は、集団を相手に保育をします。しかし、その基本は、保育者と子どもの1対1の関係です。子どもは、安心でき信頼できる保育者との個別的な関係を基盤に、徐々に他児との接点を増やし世界を広げていきます。特に入園時や進級時には、どの保育者もこのことを意識して子どもとかかわらなければいけません。<u>"僕（私）の大好きな保育者"の存在が、子どもの発達における促進剤</u>になります。

　入園児や進級時、または低年齢児への保育には、これらは欠かせない視点

です。保育者からみると自分のクラスは「○○組」という一つの集合体であり、時には「○○組のみなさん」という言葉を使います。学年の後半であれば、わかる子どもも多いですが、入園時や進級時、低年齢児のクラスへの言葉かけとしてはわからない子どもの方が多いはずです。したがって保育者は、集合体としての認識よりも個人への意識をまず強めることが求められます。そして子どもと保育者との関係づくりのプロセスは、"僕（私）の保育者"という実感を得てから、"僕たち（私たち）の保育者"となるのです。このことは、気になる子も同じプロセスをたどります。

（2）気になる子とつながるために

　新人保育者の多くは、クラスを任されたときに「早く子どもたちと仲良くなりたい！」「子ども同士が仲良くなってもらいたい！」と思います。責任感や気持ちの高まりから出てくる発言であり、正直な心情です。仲良くなりたいという気持ちは、否定されるべきことではなく、むしろ子どもたちも同じように保育者と仲良くなりたい気持ちはあるでしょう。

　ただこれを無条件に受け入れ、クラス運営をしていくと落とし穴があることに気がつかないことがあります。<u>保育者は、子どもと"仲良く"なるように関係をつくるというよりも、"つながる"ような関係をつくることが必要</u>です。保育者は、保育者と子どもや子ども同士が仲良くなるためには、それぞれの距離が近くなるようなかかわりをします。しかし、クラスの子どもは複数です。一様な距離をつくるためには、かなりの時間やかかわる際の質が求められます。また、保育者と子どもが仲良くなろうとすると保育者からのアプローチが中心となります。つまり、この状態は"子どもからのアプローチが見えにくくなる"、といえます。いずれにせよ、主になって関係を築いていくのは、保育者になる危険性があります。

　この危険性が先ほどの落とし穴なのです。

　そこで、それぞれが"つながる"ような関係をつくります。正確にいう

と、保育者と子ども、あるいはクラスメイト同士がつながるようなアプローチをします。気になる子と他児をつなげるだけではなく、気になる子も含め、どの子もつながるように意識します。**それぞれつながっていく集団づくり**を目指すのです。

　目指すという姿勢が大切です。実は意識をして、保育中の子どもたちを見ていると案外子ども同士がつながっている場面は多いです。その場面を見逃さないようにします。たとえば、お弁当の時間に座る場所を探している友だちに「こっち空いているよ」と声をかけている場面などです。あるいは、当番活動で忘れている友だちに声をかけ、「○○君、お当番だよ」と思い出させている場面などが挙げられます。

　「そのようなことは、すでに声かけをしているよ」と思ったかもしれません。そうでしたら大丈夫です。このままその声かけを積み重ねていきましょう。

　ただ先ほどの「こっち空いているよ」「○○君、お当番だよ」といった発言をする子は、"一部の子ども"あるいは"特定の子ども"ではありませんか？　もしくは、"特定の子ども同士"ではありませんか？　もしそうであるならば、かかわりに工夫が必要かもしれません。保育中の保育者は、常に気がはっていて余裕があるようでないのが現状だと思います。しかし保育者

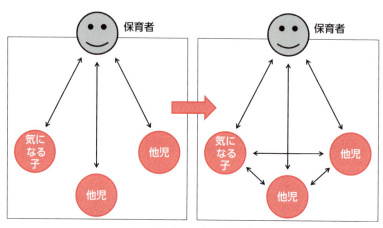

図5　子どもの人間関係の広がるプロセス

と子ども、あるいは子ども同士のつながりを強く太くするためには、「○○君、困っている友だちに教えてくれてありがとう。お友だちはとても助かったと思うよ。先生はうれしいな」と他児に聞こえるように、周囲の子どもたちに行為がわかるように伝えます。"つながる"を意識して子どもたちと接していると見えてきます。ただし、すぐに結果を求めてはいけません。つながる行為をクラス全体に広げるためには、地道に認めていきます。子どもがつながろうとする行為を「発見する → 意味づける → 認める」といった手順で徹底しましょう。

図6　保育者、気になる子、他児がつながるための工夫

❹ クラス内の集団を集合体として捉える

(1) 通常の保育がカギを握る

　特別な配慮や支援は、通常の保育の延長線上に位置し、子どもへのかかわる"度合"がその子によって変わるだけです。

　あなたのクラスの中に、あなたが"1"を言ったら"3"わかる子」がいませんか？　たとえば「お片づけですよ」という言葉に「あっ、先生、昨日言ってたこいのぼりを作るんでしょ！」とこちら側の意図を素早く理解して、反応する子どもです。

　では、逆に自分のクラスに「"3"を言ってようやく"1"わかる子」はいませんか？　つまり先ほどの保育者が伝えたい情報を3回伝えて、ようやく1／3程度理解する子どもです。

　このようにクラスには、子どもによって理解する力はさまざまです。保育

者は、自然と子どもによって言葉かけを変えながら話しかけているはずです。どちらが良いとか悪いとかではなくて、その時のその子の発達段階だというだけです。この言葉かけを変えている割合を**"かかわりの度合"**だと認識すると理解しやすいかもしれません。

　さて、このかかわりの度合は、子どもの発達ニーズによって変わってきます。以下の図7の支援の三角形の③は、①と②の上に成り立っていることがわかります。つまり通常の保育が土台となって、はじめて特別な配慮を必要とする子どもの保育が実践できます。特別な配慮や支援ができるか否かは、通常の保育の充実がカギを握るといえます。

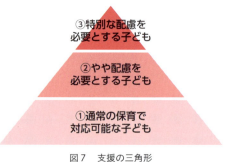

図7　支援の三角形

（2）群として捉える

　<u>本書は気になる子への直接的支援の他に、あわせて集団への働きかけも解説していきます。</u>つまり、気になる子以外の子どもたちへのかかわりも積極的に取り入れていることが大きな特徴です。

　そこで図8です。わかりやすくするために、最初に「支援の三角形」と照らし合わせながら考えていきましょう。図8の「多数の子ども群」は、通常の保育の枠で対応する子どもたちです。したがって、この場合は①です。「気になる子予備群」は②、気になる子は③となります。

ここでわかりやすいように製作活動を例に挙げます。
　保育者は、製作活動の内容を説明します。ここでは主に「多数の子ども群—①通常の保育で対応可能な子ども」に向かって説明をしています。説明の多くは、活動のねらいや作業工程などがありますが、ここでねらいがわからなかったり、説明がわかりづらかったり、あるいは長かったりしたとします。すると、活動の最初は何とか「多数の子ども群」に留まっていた子どもたちの中の数名の子どもが、集中力が途絶えたり、作業が滞ったりして徐々に「気になる子予備群—②やや配慮を必要とする子ども」へと移行していきます。活動が進むにつれて「気になる子予備群」が徐々に増加していくというわけです。**「気になる子予備群」**が増加してくると、「先生、わかんない」「できない！」というようにクラス全体に落ち着きがなくなっていきます。もともと集中して取り組むことが苦手な「気になる子予備群」のため、集中できなくなり、興味が他に移っていきます。そして今度は、「気になる子予備群」の増加に伴い、当初「気になる子予備群」に属していた子どもの中か

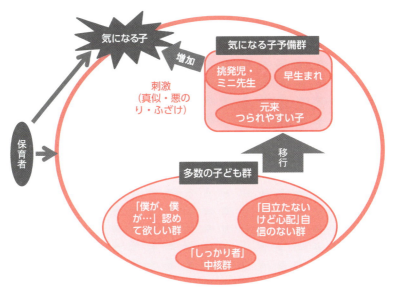

図8　気になる子がいるクラスの状況

資料：浜谷直人「保育実践と発達支援専門職の関係から発達心理学の研究課題を考える——子どもの生きづらさと育てにくさに焦点を当てて」『発達心理学研究』第24巻第4号, pp.484-494, 2013. を一部改変

ら、「気になる子」に追い出される形で移っていきます。最終的に、「気になる子」が増加し、製作活動が滞る、といった流れが生じます。

　このようなプロセスをたどることで、最終的に気になる子が増えることが多くみられます。重要なことは、<u>「気になる子予備群」の増加を防ぐこと</u>です。なぜなら、クラスにおいて活動などの雰囲気をつくっているのは、この「気になる子予備群」の子どもたちだからです。さらに「多数の子ども群」が落ち着いて作業を進めていくことで、保育者は「気になる子予備群」へのサポート体制ができ、作業を進める余裕ができます。時には、「多数の子ども群」の中からの"助っ人"が出てくることもあります。すると、保育者が一人で気になる子を抱え込む必要がなくなり、時間と気持ちに余裕がうまれたりするという思わぬ副産物があります。

　活動が進むにつれ、クラスが騒がしくなり、感情を乱す子どもが増え、保育者による個別の対応が必要となる子どもが多くなるのは、このあたりが原因となることが多いです。通常の保育活動が準備不足だったり、手順がわかりづらかったりするとこのような状態になります。この意味では、「気になる子予備群」の増加は、自分の普段の保育を振り返るきっかけになります。

　よく、保育参観や専門家による巡回相談の日に保護者や巡回相談員に気になる子の状態を見てもらいたいと思っていたが、なぜかその日に限って気になる子が落ち着いていたという話を耳にします。「普段の様子を見せたかった…」と嘆いた経験がある保育者は少なくないのではないでしょうか。気になる子の中には、いつもの雰囲気ではないことを敏感に察知し、普段の姿を出さない子どもがいます。

　多様な特性がある気になる子なので、他にもいくつか落ち着いている理由がありますが、その一つとして保育者自身が用意周到に活動の準備や工夫をしていて、とてもわかりやすい活動になっていることが挙げられます。たとえば、ゆっくりはっきりした口調で説明したり、手順を明確に示していたり、などが考えられます。その結果、気になる子にとってとてもわかりやす

い活動になっているというわけです。

このことからも、「多数の子ども群」から「気になる子予備群」への移行を阻止するためにも、丁寧な保育を心がけることが求められるといえます。

(3) 視点を整える

これまで述べてきたように、気になる子や「気になる子予備群」は、急に増加するわけではありません。集団の中には必ず動きがあります。したがって、クラス全体と気になる子の2つのみの視点では、保育者が対応する規模が大きいことから、コントロールを失い、最終的に「他児を優先するか、気になる子を優先するか」という二者択一に陥ってしまいます。この二者択一を迫られる事態に陥らないためにも、群として捉えたうえで集団の動きを予測し、保育を進めていく必要があります。

<u>保育者は、集団での保育のため、クラスや集団をまとめようとしがち</u>です。「まとめたい」「みんなで行動してもらいたい」「みんなと同じように動いてもらいたい」と考えがちです。気になる子がいるクラスであれば、逸脱行為が多いことから、どうしてもまとめたい気持ちが強くなっていきます。また、気になる子がいるためにクラスがまとまらない、と考えてしまいます。

気になる子の存在が、特別支援教育という認識を強め、保育とは違う視点や行動を求められていると感じるかもしれません。しかし、いったん立ち止まり、ここは一度**保育の原則**に立ち返ってみましょう。養成校において幾度となく"遊びが中心""体験やプロセスが大切""一人ひとりの状況に応じて"などのキーワードを目にし耳にしてきたはずです。これらのキーワードは、"クラスをまとめる"というキーワードとは少し距離があるように思います。

保育者は、「一人ひとりの子どもたちは、どのような経験をしてきて、そこに保育者はどうかかわってきたか、また子どもたち同士の関係はどう変化してきたか、そこで生じた子どもたちの気持ちはどういうものだったか」といった視点をもつことが大切なのではないでしょうか。

❺ 配慮が必要な子ども

（1）気になる子どもの背景
　これまで述べてきたように、気になるからといって一概に発達障害が原因となっているわけではありません。気になる姿を示す原因はさまざまですが、大別すると、①発達障害によるもの、②保護者の育て方や養育環境によるもの、③園環境とのミスマッチの3点が挙げられます。
　気になる子の中には、発達障害がある子どももいます。発達障害は、脳の器質的な問題に起因しています。したがって、子育てや養育環境から生じているわけではありません。発達障害は、一生つきあっていくものであるため、根本的に治るということはありません。しかし、適切な環境を設けることで日常生活に生じる困難さを軽減でき、もっている能力を十分に発揮することができます。

①発達障害によるもの
　発達障害とは、発達において脳に何らかの要因が加わることで発達に課題が生じ、運動面や言語面、行動面などに不具合が生じている状態です。ここでは主に自閉症スペクトラム、注意欠陥多動性障害（AD／HD）、学習障害（LD）を取り上げます。本書では、発達障害の詳細は避け、最低限の情報に留めます。

なお、これらの障害は、単独で発症する場合は少なく、大半はいくつかの障害が合併しています。

ⅰ　自閉症スペクトラム

　小児自閉症、アスペルガー障害などを含む「広汎性発達障害」と呼ばれていたものが、2013年に改訂されたDSM－5では「自閉症スペクトラム」に診断名が統合されました（DSM－5の日本語翻訳指針では、自閉スペクトラム症です。また、注意欠陥多動性障害→「注意欠如・多動症」、学習障害→「限局性学習症」と表記されることになりました。保育現場ではいずれの診断名も発達障害者支援法の表記、および改訂前の診断名を使用しているケースが多いので、本書では発達障害者支援法の表記を使用します）。

　自閉症スペクトラムは大別すると「社会的コミュニケーションの障害」と「常同的な行動」が症状として現れます。具体的に「社会的コミュニケーションの障害」は、相手の表情から感情を読み取れない、共感性に乏しい、会話の継続性の困難、などが挙げられます。「常同的な行動」は、特定の場所や物、行為へのかたくななこだわり、融通性が乏しい言葉、感覚の鈍感さまたは敏感さ、などが挙げられます。会話は少ないのですが、一人で黙々と遊んでいる子も多く、保護者から捉えると"手のかからないおとなしい子"と誤認されるケースがあります。逆に矢継ぎ早に言葉を話しているものの、内容に乏しく会話のやり取りがちぐはぐなため"変わった子"として映ることもあります。

　どちらの子どもも、集団生活になってから適応できない姿が多くなっていくので保育者から困った行動として目につきやすくなります。

ⅱ　注意欠陥多動性障害（AD／HD）

　AD／HDの主な特徴としては、「年齢に不釣り合いな注意力」「多動性」「衝動性」です。具体的には、気が散りやすかったり、持ち物をなくしやすかったり、忘れやすかったり、衝動的に動いてしまったりします。AD／HDのある子は、元気さや活発さが、他児よりも突出しており、対人的なト

ラブルが絶えない子どもが多いです。

AD/HDがある子への保育で特に注意すべきことは、失敗体験がとても多いことです。それに伴って自分を大切にする気持ちをもちづらくなります。他児からの言葉かけなどを被害的に受け取ったり、集団行動を避けたりすることがあります。その結果、気になる行動を引き起こすことがあります。

ⅲ　学習障害（LD）

「聞く」「話す」「読む」「書く」「推論する」などの領域のうちのいくつかについて、習得に著しい困難さが生じる障害です。特徴としては知的な遅れはないため、周囲の理解を得にくい面があります。一般的には、就学後の教科別学習が始まってから困難さが顕著にあらわれていきます。

集団での説明が自分にも向けられていると捉えず、説明を聞いていることができません。あるいは理解している「ふり」をしている子もいます。注意を向ける言葉かけの配慮や、さりげなく話の内容を確認するなどの工夫が求められます。

LDのある子は、工夫や配慮次第で困難さを回避できる面があります。保護者と協力して許容範囲を柔軟に変化させるとスムーズにいく場合があります。

しかし、就学以降の学習においてLDがあるか否かの判断は、教育・医学・心理学の各面から慎重に判断する必要があります。

②不適切な養育環境によるもの

近年では、これに当てはまる子が増加しています。今後、気になる子は増加の一途をたどりますが、この背景による気になる子の増加が拍車をかけていると予想されます。

保護者と良好な愛着関係を築けなかったことが、子どもの発達に影響を与えていることが多く見受けられます。具体的には、保護者による虐待（身体

的・精神的・性的虐待、ネグレクトなど）が挙げられます。また、保護者自身に精神疾患などの問題がある場合もあります。たとえば、うつ病や統合失調症などです。

　年々、**家庭や保護者の養育力**が低下していることは否めません。ここでいう養育力とは、子どもを養い育てる力と換言でき、その多くは子どもの世話に関する技術やしつけから養育態度や子どもへの関心まで含みます。

　①で述べたように、AD／HDのある子の特性の一つに、"落ち着きがない"面があります。しかし、不適切な養育環境が背景で"落ち着きがない"状態になる子どももいます。子どもが保護者に望む形で受容されている子どもは、自分自身が安定しています。したがって、周囲への状況に過敏にならず、年齢相応に"はじめての場所や物・人"に対して落ち着いて対応します。

　一方、保護者との愛着関係が築けず、愛情欲求が満たされない子どもは、周囲に対して安定よりも恐れのほうが上回り、過敏に反応します。また、周囲の注意を自分に向けてもらいたい気持ちから、落ち着きがない行動をとろうともします。世界で一番受け入れてもらいたい人に受け入れてもらえない、という人間として一番ベーシックな部分が揺らいでいます。そう考えると落ち着きがなくなるのも理解しやすいかもしれません。発達障害と愛着関係の不全には、複雑で入り混じった関係性があり、双方の見極めは非常に難しいです。つまり、「発達障害が起因して愛着不全になるのか」「愛着不全から発達障害児のような行動になるのか」の見極めです。愛着不全のケースでは、発達障害に対する支援の他に保護者による愛着関係の築き直しが必要となり、この視点がないと状況は改善されません。専門家との連携のもと、子どもの家庭環境や家族関係などの背景を探っていくことが求められるでしょう。

次に、その逆で過保護すぎる保護者も存在します。たとえば、筆者は以前「砂遊びを極端に嫌がり、走り方もぎこちない」子どもと会ったことがあります。安易に考えると、自閉性から「感覚的な過敏さがあって、砂の感覚が苦手であり、不器用なため走り方がぎこちない」と仮に理解してもよいかもしれません。

　しかし、保護者から話を聞いていくと、入園まで砂場が不衛生という理由で砂遊びをしたことがない、またけがをすると危ないので戸外でも走らせたことがない、といった子育てをしてきた経緯がありました。

　この例は極端かもしれませんが、近年ではこれに近い子育てスタイルをしている保護者の存在はけっして珍しくありません。生活全般に関する経験不足の子どもが増えてきています。"経験不足"は、今後の保育現場では大きなキーワードとなるでしょう。

③園環境とのミスマッチ

　ミスマッチの対象は、物的環境と人的環境とに分けられます。ミスマッチの物的環境とは、気になる子が望んでいるコーナー遊びやおもちゃがなかったりした場合です。たとえば、遊ぶ手順や用途があらかじめしっかりとした枠組みとして決められている遊びがあるとします。年齢が高ければまだよいのですが、低年齢児であれば、「元来の元気者で好奇心旺盛な子ども」だと、気持ちの高まりから手順などを無視してその遊びをするかもしれません。このような場面が積み重なっていくことで、衝動性が強いと捉えてしまうのかもしれません。

　今一度「今年度の〇〇組の子どもたち」にとって**保育環境**があっているか、確かめてみましょう。気になる子が増えているというより、「前年度の子どもたちのおもちゃや遊びを踏襲している」「子どもたちの"今"流

行っている遊びを捉えていない」といった理由で気になる子が増えているのかもしれません。

　次に人的環境です。人的環境の中で主となるのは、保育者です。たとえば、保育中、歌を歌う場面においてメロディを重視している保育者であれば、大きな声だけで歌っている子は気になります。あるいは、規律や規範を重んじる保育者であれば、パワフルで友だちとの衝突が多い子どもが気になります。つまり、保育者の保育観や発達観が子どもへダイレクトに反映し、それらが子どもの姿と差が出れば出るほど"気になる"と感じるのです。

　この意味で、一度自分の保育観や発達観を振り返る必要があります。もしかしたら、自分の保育観などに子どもを"あてはめている"危険性があります。気になる子との出会いは、自分の保育観や発達観、そしてそこから生じる保育実践を振り返る出会いなのかもしれません。

第2章

事例から学ぶ「個」と「集団」への対応ポイント

場面1：食事

食事中に席を離れて、部屋を歩きまわっています

事例

エミちゃん（3歳児）は、食事のときみんなとの「いただきます」が待ちきれず先に食べ始めてしまいます。食べ終わるとお気に入りのままごとで遊び始めます。食事中、クラスの子どもたちとも楽しく食べたいのですが、いつもエミちゃんに振り回されています。

こんな対応していませんか？

席を離れるたびに「まだ食べ終わっていません」と声をかけて席に戻す

衝動的に席を立つ場合には、離席直後に声をかけても効果はありません。また、保育者やクラスの子どもからの注目を受けたい気持ちから離席する場合もあり、この場合にも声かけが逆効果になります。

改善の主なポイント

- ☑ 食事に集中できる環境を整える
- ☑ 食べ終わったあとの「お楽しみ」を用意する
- ☑ グループ内の友だちの特性や配置を検討する
- ☑ 食事場面の雰囲気を見直す

エミちゃんの本当の気持ち（個の背景、配慮）

食事よりも他のことが気になる

　発達が気になる子の特性の一つに注意がそれやすい面があり、いったん一つのことが気になると食事に集中できません。たとえば、友だちとのおしゃべりや食べ終わって遊んでいる子の遊びに注意がそれてしまうと、つい席を離れてしまい、時間内に食べ終わることができません。

「食べること」に興味がない

　食欲がなく、食べることに意欲がないのかもしれません。また、材料にこだわりがある子や偏食の子、環境の変化に弱い子などは、家庭以外の場所で食事をすることに抵抗を感じたり、好きなものを食べたら途端に食事への興味がなくなったりします。

周りにいる子やクラスの様子（集団の背景、配慮）

集団での食事に慣れていない

　近年は核家族の増加により、気になる子に限らず、大きな集団での食事に慣れていない子どもが増えてきました。にぎやかな雰囲気に圧倒されて食事が進まないことも予想されます。大人数や固定のグループ編成にこだわらず、少人数で柔軟性があるグループ編成を検討しましょう。

食事の雰囲気を見直す

　保育者によるエミちゃんへの声かけや対応が増えれば増えるほど、クラスの子がエミちゃんを見る回数が増えていきます。責任感がある子の場合、エミちゃんの手が止まっていたり、離席したりすると率先して注意をするようになります。するとエミちゃんも含めて、お互いにすぐ注意し合う関係ができてしまうので要注意です。

食事に集中できる環境を整える

　視野に入る「ロッカーにある物」や「友だちが使っている食具」「保育室内外のおもちゃ」などが気になって触りに行ったりします。そこで、視野に入るものや範囲を制限するために、おもちゃコーナーやロッカーを無地の布で覆い隠したり、外が見える廊下や窓に背を向ける形で座ったりといった環境づくりが有効です。また、食事の場所と遊ぶ場所を明確に分けて、友だちの遊びが見えないようパーテーションを効果的に使いましょう。

食べ終わったあとに「お楽しみ」を

　エミちゃんの好きな食べ物のほかに、好きな遊びや友だちを把握し、それらと食事を組み合わせてルールをつくります。食事と楽しいことをセットにするとエミちゃんも意欲がわいてきます。「○○を食べたら好きな○○で遊んでいい」「食事が終わったら○○君と遊べる」などです。「食事をする」→「楽しいことがある」という組み合わせで、意欲を引き出しましょう。

グループ内の友だちの特性を踏まえる

　グループをつくる際には、「エミちゃんと一緒だとおしゃべりが止まらない子」「エミちゃんに過剰にかかわる子」といった子どもとは同一グループにするのは避けましょう。子どもに主体性をもたせる観点から「好きな子同士」にしがちですが、クラスがまとまりをみせてからでも遅くはありません。グループづくりには、エミちゃんとの相性や周りの子の特性を考慮する必要があります。

注意や叱責が多い

　「食事の基本は楽しく食べること」を忘れずに、子どもたちが楽しく食事がとれる雰囲気を心がけましょう。マナーを守って食べることは大切ですが、リラックスして友だちと会話を楽しんだり、穏やかな気持ちで食べたりするのもよいのではないでしょうか。

さらにステップアップ（応用編）

子どもとの関係や集団づくり等のポイント

偏食の理由を探る

　発達が気になる子の中に、口の中に過敏さがあるため、食事場面でさまざまな苦痛を感じる子がいます。偏食のために食事が進まないこともあります。偏食の理由はさまざまですので、「何が嫌いなのか」を探り、家庭と情報を共有しながら盛り付けや食具にも配慮し、調理方法に変化をもたせましょう。

テーブルやイスなどの物的環境を確認する

　食事をとるテーブルやイスの数は、妥当でしょうか？　子どもたちは配膳台にスムーズに並び、動いているでしょうか？　食事場面での動線は重要で、子どもたち同士が交差しないような動線を考え、早い段階からクラスに定着させると、食べ始めの時間や片づけの時間の短縮につながります。

保育者のスキルアップ

家庭と連携して、長期的に取り組む

　食べ物の好き嫌いは個人差が大きく、園だけで偏食指導や好き嫌いを改善するには限界があります、保護者と連絡を密にとりながら長期的に構えて、指導を進めていきましょう。

クラスの友だちの力を！

　とかく保育者は、エミちゃんの問題となる行動に対し、「食べさせる」「座らせる」などに注意が向きすぎていることがあります。「好きな友だちがいる」「憧れの友だちがいる」ということが、エミちゃんの「食べよう」とする心の育ちに影響を与えることもあります。落ち着いて楽しく食事をする姿の裏には、豊かな友だち関係があることが多いです。

保育者が取り組んだ実践から

　1学期の3歳児クラスでは、お弁当の支度をするのも時間がかかります。手を洗う、かばんとコップを持ってくる、お弁当箱を出す、かばんを所定の位置に戻す、お茶やおしぼりを配る…。「いただきます」の前にやることが多く、待つことが苦手なエミちゃんでなくても待ちきれない子がいます。私は、「一人でできるようになってほしい」という姿勢で保育をしていました。そして私は、クラス全体が待てる時間を把握するとともに、エミちゃんと一緒にお弁当の準備をする（手伝う）こともよいのではないかと考えました。保育室内でエミちゃんから見えるものを制限したり、落ち着いた雰囲気を目指しながら、園の過ごし方を繰り返し伝えていくことにしました。

　お弁当箱の出し入れや、かばんをロッカーにしまうなど、やりにくさを感じるところを積極的に援助するようにしました。すると私の姿がモデルになっているようで、徐々にエミちゃんはまねをしながらお弁当の準備をするようになっていきました。「いただきます」「ごちそうさま」の時間を通常よりも短く設定することで、無理なく待てるようになりました。けじめとして食前・食後のあいさつだけは必ずするように心がけました。エミちゃんには「おしぼりを配ったら『いただきます』だからね。『いただきます』して食べようね」と前もって声をかけ、守れたらほめるようにしていきました。時間はかかりますが、少しずつ積みあがっている手ごたえを感じています。

場面2：遊び

勝ち負けに強いこだわりがあり、かんしゃくを起こします

事　例

カズ君（5歳児）は、イス取りゲームで自分が勝てないことに激しく怒り、物を投げたり、友だちに手を出したりしてしまいます。一番になれないときも同様に泣きわめいて暴れだし、落ち着かせることも、話をすることもすぐにはできません。

こんな対応していませんか？

その場しのぎの注意や罰を与える

かんしゃくを起こした罰としてゲームに参加させない、ゲームで使っていたものを一方的に取り上げるという対応は根本的な解決にはつながりません。

改善の主なポイント

☑ 事前に「負けることもある」ことを伝える
☑ 子どもの勝ちたい気持ちを認める
☑ 勝ち負け以外の価値観を教える
☑ 失敗や負けを認め合えるクラスづくり

カズ君の本当の気持ち（個の背景、配慮）

負けることは「否定されること」

　カズ君は「負ける＝自分の存在を否定される」という強迫観念を抱いているのかもしれません。負けることを予測するのが難しく、予想していない結果になると、その結果を受け入れられなくなってしまいます。また、次に気持ちを向けることが苦手なのかもしれません。

認められたい気持ちが強い

　保育中に保育者が「できた」「早い」という言葉を多用していることがあります。このような言葉を使うことでセットとして、「できない」「遅い」という言葉を意識させていることが多いです。カズ君は、状況を認知する力の弱さから価値基準を「できること」「早いこと」においているのかもしれません。

周りにいる子やクラスの様子（集団の背景、配慮）

お互いを認め合う姿が少ない

　保育中にお互いの失敗や間違いを指摘し合う、肯定的なまなざしが少ないクラスになっている可能性があります。普段からクラスの子の消極的な場面を探したり、取り上げたりするような生活を、保育者が「つくり出している」のかもしれません。このような場合、「指摘される前に指摘する」といった雰囲気がクラスにうまれてしまいます。

負けた側への配慮がない

　ゲームや競技は、「勝った人（チーム）」「一番になった子」だけが注目をあび、負けた側は、責められたり冷やかされたりします。負けたことによる嫌な思いが、「勝ち」へのこだわりに影響しているのかもしれません。負けた側が強烈に劣等感を味わうような言動を繰り返している子どもはいないでしょうか。

気持ちの切り替え方を体験する

「負け勝ちじゃんけん(負けた人が「勝った」ことになる)」「1列に並んだあと振り返って、最後尾から出発する」など柔軟な保育を意図的に展開しましょう。また、保育者が負けてもわざと楽しそうにしたり、「くそ〜。でも、次がんばればいいもんね!」と明るく振る舞うことで、「負けても大丈夫」ということを伝えることが大切です。

いろいろな評価の基準をつくる

「丁寧につくる」「落ち着いて楽しくできる」「最後まで話を聞く」など保育者が子どもを評価する基準はたくさんあるはずです。いろいろな評価の基準をつくりましょう。それによって評価の基準が一つではないことを子どもは学んでいきます。「できた」「早い」という言葉ばかりを使っていないか、保育者も確認してみましょう。

勝敗がついたときの振る舞いをクラス全体で確認する

認め合う土壌がないクラスでは、負けたときの振る舞い方がわからない子が多い場合があります。ゲームを始める前に「負けても怒らない、泣かない、物を投げない、叩いたり蹴ったりしない」といったルールを「みんな」で確認しましょう。子どもたちが忘れることもあるので、文字やイラストで視覚的に訴えるといいでしょう。

負けたチームへの配慮も必要

負けてもがんばったことを認めてもらったり、次につながるような励ましを受けたりすれば、「負けること」への嫌悪感は少なくなります。時には、「○○チームは負けたけど、がんばって応援していて、先生はかっこいいと思いました」と保育者から伝えるのもいいでしょう。

さらにステップアップ（応用編）

子どもとの関係や集団づくり等のポイント

普段の姿を振り返る

　勝ちや一番にこだわる姿は、集団においてのみ見られます。したがってカズ君が「嫌なことは嫌！」「それは違う！」と伝える力が育っているかを一度確認するとよいでしょう。こだわる姿は、日常的な人間関係が原因かもしれません。

勝ち負けがある遊びを経験していく

　4歳頃から簡単なルールがある遊びが、小集団で始まります。負けに対する耐性がないときはダメージが大きくなるため、少しずつ勝ち負けがある遊びを取り入れていきましょう。段階をふんでルールがある遊びを保育に取り入れていきます。

保育者のスキルアップ

怒りがおさまるまで寄り添う

　カズ君のようなタイプの子どもは、強い衝動性をもっています。周囲が違和感を覚えるぐらい急に怒りが沸点まで達し、おさまるまで時間を要します。保育者は、声かけを最低限にし、おさまるまで待つことも必要です。本人の怒りがおさまり「やってしまった…」という気持ちになったら、「一緒にあやまりにいこう」と保育者から声をかけましょう。

勝ちへのこだわりを「全否定」しない

　保育者として大切なことは、「勝ちへの意欲を尊重しつつ、負けを受け入れていく」ことを伝えていくことです。「負けても次がある」「負けたけど、がんばった」など、「負け」を次に生かすためにどう向き合っていくかをみんなで考えていくことが大切です。

保育者が取り組んだ実践から

　勝ち負けにこだわってしまうのですが、ゲーム自体を嫌がる姿はありませんでした。しかし、負けたときには周りが見えなくなってしまうので、ゲームを始める前に話をしました。勝ちたい気持ちに大きく共感し、「それでも負けたらどうする？」と先の見通しがもてるよう一緒に考えました。

　また、カズ君が暴れることでクラスの活動が中断したり、周りの子が嫌な気持ちになってしまう場面も多くありました。クラス全体で彼の気持ちを代弁し、「勝ちたい気持ちはみんなと一緒だね」「一番よりも丁寧にすることが大切だよね」と話し合い、カズ君の気持ちをみんなに伝えるとともに孤立しないよう配慮をしていきました。

　事前に負けた場合の話をしていくことで、かんしゃくを起こす前に「負けるのは嫌だ！」と、保育者に自分の気持ちを言葉で伝えられるようになりました。また、参加するかどうかを自分で選ぶようになり、たとえ負けても、約束事を一緒に思い出せるよう声をかけると、徐々にかんしゃくを起こす場面が減っていきました。自分で決めたことを守ろうとする姿を友だちに受け入れられることで、カズ君は気持ちの切り替えが楽になっていくのではないかと感じました。

　クラスでは互いの姿を理解し、課題を共有できる集団になるよう心がけることを、きちんと伝えていくことが大切だと思いました。

場面3：片づけ
活動の切り替えに時間がかかり、遅れてしまいます

事例

サキちゃんは、保育者から片づけの声かけをされても、遊びを終わらせることができず、周りが片づけ終えた頃にようやく片づけ始めます。また、一斉活動に移るときは、いつも身支度が最後になってしまいます。

こんな対応していませんか？

最後は決まって保育者と一緒に片づける

「片づけ」という言葉を伝えただけでは動いてくれません。「よくないのでは…」と思いながらも結局片づけをしていませんか？ 遊んでいる余韻を含みながらも、次の活動に向けて片づけをするよう促していく必要があります。

改善の主なポイント

☑十分に遊び込んでいるかを確認する
☑片づけの指示をわかりやすく工夫する
☑活動の「終わり」と「始まり」を明確に示す
☑「次の活動」に気持ちが向くようにする

活動の切り替えに時間がかかり、遅れてしまいます

サキちゃんの本当の気持ち（個の背景、配慮）

十分に遊び込めていない
　サキちゃんのタイプに多いのは、遊びを転々としたり、十分な時間があったにもかかわらず後半になってようやく片づけ始めたりするような遊び方です。どちらにしても、遊びたいことを見つけられなかったり、集中できる遊びがなかったりします。

遊びの見通しがもてない
　園生活を繰り返していくと見通しがもて、安定して生活するようになります。しかし、サキちゃんは片づけたあとに、どのような活動があるのかわからないことが多く、不安になりやすいのかもしれません。また、片づけが「どのような状態になったら終わりか」がわかりません。

周りにいる子やクラスの様子（集団の背景、配慮）

協力して片づけない子どもが多い
　自分の遊んだ物だけを片づけて、「終わり」にする子どもが多いクラスかもしれません。クラス全体が「片づけはみんなでやる」といった集団意識が乏しく、友だちの言動や状況に対して「無関心」な態度をとる子どもが多いです。

声かけが抽象的でいつもわからない
　「遊びは終わりです」「片づけましょう」といった声かけは、実はサキちゃん以外の子も、活動を切り替えなければならない状況だということがわかりづらいです。実はよくわからないまま、他の子どものまねをしながら何とか片づけていることがあります。

充実感のある遊びをしてもらう

　子どもたちが楽しいことを終わりにするには、満足感や充実感が欠かせません。この意味でサキちゃんは「あ〜、遊んだ！」という実感が乏しいと考えられます。今やっている遊びが果たして「やりたい遊び」なのか、「この遊びしか知らない」のかを確かめる必要があります。もし後者であれば、遊びの幅を広げるかかわりが保育者には求められます。

視覚的に「片づけ」をわかりやすくする

　発達が気になる子には、言葉だけの指示よりも視覚的に伝えたほうがわかりやすいです。「片づけのカードを見せる」「収納箱を見せて知らせる」などの方法が有効です。数字がわかる場合は、事前に「長い針が〇〇になったら片づけます」と予告しておくと本人も気持ちの準備ができるでしょう。

クラス全体が「次の活動」に気持ちが向くように

　自分が遊んだ物や使った物ではなくても、分け隔てなく片づけをしている子どもが多いと、クラス全体が片づけのあとにする「次の活動」に気持ちが向いている証拠です。クラス全体がそのような流れをつくっていれば、クラスの子どもも次の活動に期待感をもって片づけます。「次の活動」に期待感をもっていれば、「自分のものか否か」はそれほど重要ではなくなります。

片づけの「終わり」を明確に伝える

　「このおもちゃは〇〇の箱に入れる」「砂場ネットをかけたらおしまいです」といった具体的な指示を出します。どの状態になったら「終わり」なのかを示しましょう。また、「片づけたあとは〇〇を作ります」というように片づけの次の活動を提示しましょう。

さらにステップアップ（応用編）

子どもとの関係や集団づくり等のポイント

片づけ場所がわからない

　子どもは、おもちゃや道具を片づける箱や棚が「どこに」あり、「どのように」「何個（何枚）」片づければよいのかわかりづらいと片づけません。入れる物のマークや絵などを貼って「一目見てわかる」ような収納環境にしましょう。

保育者のスキルアップ

活動の「始まり」を明確に

　活動のはじめに"いつも"同じ手遊びや決まった物（小道具など）を使うことで活動の始まりがわかり、気持ちを切り替えるきっかけになります。活動が始まる流れを一定にすることで子どもたちも見通しをもつことができ、切り替えのスイッチが入るようになります。

子どもの遊びを保障する

　「自分の好きな遊びをやめても、もう一度遊べる」という経験が少ないと、一つの遊びばかりする（固執する）ことで安心感を得ていることも考えられます。このような場合、「お弁当食べ終わってから、この続きをしよう」と約束をします。まず、子どもとの信頼関係をつくり、遊びを保障することで安心感を与えましょう。

「片づけ」のときにしかコミュニケーションがない

　園生活において、サキちゃんとの接点が片づけを促すときにしかない場合、サキちゃんにとって保育者は「好きな遊びをやめさせるために来る人」という存在になりかねません。保育者は、これまでのサキちゃんとのかかわり方や関係を見直す必要があります。

保育者が取り組んだ実践から

　サキちゃんがなぜ片づけの時間になってもいつも遊びをやめられず、何をするにも最後になってしまうのかを考え、対応を見直しました。そこで、片づけに関しては見通しをもって好きな遊びを十分に満喫できるような時間配分を考えたり、必ず片づけの前には時刻を伝えるようにしたりしました。

　サキちゃんだけでなく他の子どもも片づけに時間がかかりすぎるため、クラス全体にも同じように伝えました。片づけの声かけのタイミングはサキちゃんにだけ早めにして、一緒に片づけを行い、片づける気持ちよさを感じられるように援助しました。そして切り替えられたときには、必ず認めるような言葉をかけるようにしました。

　こうした援助を繰り返すことで、サキちゃんは少しずつ切り替えられることが増えていきました。1日の園生活にメリハリがでてきたことで、片づけも身支度も以前よりテキパキと行うことができ、また一斉活動時も気持ちよく参加できるようになりました。こんなサキちゃんの姿を周りの子も認め始め、クラスの雰囲気も良くなり、サキちゃんの友だち同士のかかわりが少しずつ増え、かかわりも柔らかくなってきたように思います。

　そして何より、サキちゃんだけでなく他の子どもたちも1日の見通しをもつことで、以前よりもさらに活動に対して意欲的になりました。子どもたちにとって、見通しがもてたり、目的をもって取り組むことの大切さを実感しました。

場面4：お話
説明をしている保育者を遮って、一人で話し出します

事　例

トオル君（5歳児）は、何にでも興味津々で知識も豊富です。保育者がみんなに「これ見たことある？」と問いかけると「知ってる！ 知ってる！」と大きな声で一方的に話し出します。活動は活気が出ていいのですが、他の子の発言を聞けないので、最近気になっています。

こんな対応していませんか？

とにかくおしゃべりをやめさせる

「おしゃべりはやめなさい」「今誰が話している？」とおしゃべりを抑え込もうとすると、いったんはおさまるかもしれません。しかし、時間が経つとまた同じように話し始めてしまうのではないでしょうか。

改善の主なポイント

- ☑ 話を聞く「時」と「場」を設ける
- ☑ 絵カード等を用いて聞く姿勢を身につける
- ☑ 事前に会話のルールを伝えておく

説明をしている保育者を遮って、一人で話し出します

トオル君の本当の気持ち（個の背景、配慮）

おしゃべりに悪気はない

　おしゃべりが好きで止まらない子どもの中には、言葉が豊富で、興味があることには貪欲に知識を得たいと思っている子がいます。自分の発想や知識をみんなに聞いてほしいという気持ちが強いのです。そのため、「おしゃべりをする」という行為に悪気はなく、「教えたい」「知ってもらいたい」といった気持ちから出ています。

状況が読めなかったり、忘れてしまう

　「今、何をするときなのか」という状況を適切に判断することが苦手なため、一方的に話し始めてしまいます。保育者の話の内容や流れがわからないため、頭に浮かんだことをそのまましゃべってしまいます。また、話の最初には「話してはいけない」ことを覚えているのですが、すぐに忘れてしまいます。

「嫌がられている」ことがわからない

　たとえ相手や周囲が話をしていることを嫌がっていても、「自分の興味がある話だから相手も興味があるはずだ」という一方的な思い込みで話をする子どもがいます。相手の表情から気持ちを察するのが苦手で、自分勝手と受け取られる発言を繰り返します。

周りにいる子やクラスの様子（集団の背景、配慮）

求められていることがわからない

　トオル君のようなタイプは、「ちゃんと聞きましょう」「しっかり座りましょう」と言われても、保育者からどのような状態を求められているのかわかりません。保育者から禁止されることが多くなります。「いったい、何をすればいいのか」わからず、不全感だけがたまっていきます。

話を聞く「時」と「場」があることを伝える

トオル君には「そうか、○○なんだね。楽しそうだから先生のお話が終わってから聞かせてね」など、全体の流れが途切れないようにします。流れが途切れるとクラスの子どもは「またトオル君か」と彼の行動を否定的に捉えてしまいます。次に、別の時間に話を聞くことを保障し「それまでは我慢する」ことを教えます。我慢したらおおいにほめましょう。

絵カード等を用いて聞く姿勢を身につけてもらう

静かにするときに、話し始めたら「口を閉じる」指示を表した絵カードを見せて、静かにすることを自ら気づけるようにします。保育者の近くに貼っておき、おしゃべりが始まったら"話をしながら"黙ってカードを指さします。思い出せるよう視覚的に示しながら促していきます。

周りの子どもの発言、意見に耳を傾ける

保育者は、トオル君の話が一区切りついたところに「○○ちゃんはどうだった？」と友だちに水を向け、周りの子どもに話をつなげます。他の子どもの話を聞くことに意識を向け、話を聞くことができるようにトオル君を導きます。自分だけでなく、みんなもおしゃべりしたいことがあるのだと気づくようにします。

話を聞くときのルールを事前に確認する

話をする前にクラス全員で「おへそを先生の方に向けて、足の裏は床につけましょう。口は閉じます」といった約束事をクラス全員で共有します。「聞き方名人」といった子どもになじむような言葉でお手本となる態度や姿勢をイラストなどに示します。そして、話している途中で「できているかな？」と投げ、思い出せるよう工夫します。

説明をしている保育者を遮って、一人で話し出します

さらにステップアップ（応用編）

 子どもとの関係や集団づくり等のポイント

話しかけ方のモデル（見本）を示す

　このような姿を見せる子どもの多くは、「（友だちと）遊びたい」「（友だちと）話をしたい」という気持ちはあるのですが、どのように話しかけたり、遊びに入っていけばよいのかわかりません。このような子どもは、周りの子のまねをするのが苦手なため、このままでは適切なかかわり方を身につけることができません。そこで、保育者がどう話しかければよいかのモデルを示します。保育者の姿を見て、同じことをしながら相手とかかわる方法を具体的にその場で学んでいきます。

保育者のスキルアップ

適切なタイミングで呼名して、意識を呼び起こす

　学年当初などトオル君との関係ができていない時期では、集中する時間がわからなかったり、どのタイミングでおしゃべりが始まるのかわからなかったりします。しかし、ともに園生活をしていくうちにトオル君の表情やしぐさから落ち着きがなくなり、おしゃべりが始まる"タイミング"がわかってくると思います。そうなれば、おしゃべりが始まりそうなタイミングで「〇〇君、トオル君、〇〇ちゃん、今日も話をちゃんと聞いているね」と呼名して注意を喚起するとよいでしょう。他児の名前も呼びながら、気になる子の名前も入れるところがポイントです。

不安、緊張の高まりを落ち着かせる

　不安や緊張が高まったときに、気持ちを落ち着かせようとして過剰におしゃべりになります。つまり、おしゃべりを強く制止することでかえって不安などが強まることが考えられます。子どもの様子をよく観察し、不安を取り除き、気持ちを安定させることに努めます。

保育者が取り組んだ実践から

　集まりや活動の際には、クラスの話し合いからうまれる子どもの発言を拾いながら進めていきたい気持ちがありました。一方で、トオル君の話をどこまで聞けばいいか迷っているうちに、クラスの雰囲気がざわざわしてしまうという繰り返しでした。

　そこで、活動の導入やクラスでの話し合いのルールを見直すことにしました。説明を聞くとき、意見を言うときの区別がしやすい伝え方を保育者が工夫しました。トオル君は認められたい気持ちが強いようなので、クラス全体にトオル君の考えを伝え、同時に周りの子の意見も聞いてクラス一人ひとりの発言の機会をもてるようにしました。

　「トオル君はこう思ったんだって、○○君はどう思う？」と積極的に他児にも投げかけることで、クラス全体の話し合いへの意欲が高まりました。友だちの考えや意見を知ったり、自分の意見を取り上げられる経験から、年長児らしい姿が増えていったように感じます。

　私も保育の展開を子ども任せにせず、時間の区切りを意識することで導入の時間が短くなり、私自身も活動への集中ができるようになったと感じます。ときどき不満そうなトオル君の姿もありますが、クラスでの一斉の話が済んだあとに十分話を聞く時間をつくるようにしています。

場面5：製作

製作活動に参加せず、何も始めようとしません

事例

ノリオ君（4歳児）は初めてのことやいつもと違うことが苦手です。年中組に進級してから特に苦手意識が強くなったようです。先日も製作活動をすることを伝えたら、「やらない」「できない」と言って部屋から出て行ってしまいました。

こんな対応していませんか？

みんなと同じ作業を求めている

苦手意識が強い理由を探らず、活動だからと半強制的に取り組ませても根本的な解決には至りません。ノリオ君のようなタイプは、「作品を一度も一人で完成させたことがない」まま卒園を迎えることも珍しくありません。

改善の主なポイント

☑活動に参加しない本当の理由を探る
☑細かい作業など苦手な部分を手伝う
☑回数を重ねながら、少しずつ作業量を増やす
☑保護者と連携し、家庭でも多様な遊びを

ノリオ君の本当の気持ち（個の背景、配慮）

手先が不器用なため製作意欲がわかない
　手指の細かい動きがスムーズにできません。頭の中ではわかっていても、思い通りに絵や工作ができないので、製作しようとする意欲がなくなってしまいます。

家庭における遊び経験の不足
　入園前に、自宅で「のりを触ったことがない」「はさみを使ったことがない」といった子どもがいます。また、遊びに偏りがあり、入園前の家庭における手先を使った遊びの経験が不足しています。のりやはさみを見たことも触ったこともない子どももいます。

周りにいる子やクラスの様子（集団の背景、配慮）

文房具の使い方がわからない
　日常的に使う製作活動の文房具に抵抗を示す子がいます。クレヨンの筆圧が弱かったり、はさみの扱いがぎこちなかったり。さらに、のりの「べたべた」、絵具の「ぬるぬる」といった感覚を苦痛に感じる子も少なくありません。粘土の感触やひんやりとした感じに抵抗を示す子もいます。

製作が進むにつれてわからなくなる
　理解することに課題があるため、手順がわからなくなったり、忘れてしまったり、集中力が途切れて飽きてしまったりして、製作が進みません。製作活動についてこれない子どもが多い場合は、製作内容と子どもの実態が合っていないことも要因の一つです。

対応のポイント

部分的に手伝う

　すべての工程をノリオ君に委ねないで、細かいところは保育者が手を添えたり、一緒に作ったりしましょう。ただ、最後の工程は、ノリオ君が自分で行うように促します。回数を重ねながら、少しずつノリオ君の工程量を増やしていき、「自分でできた」という達成感を積み重ねていきましょう。

対応のポイント

保護者と連携して、家庭でも多様な遊びを

　園では、遊びの中で指先を使う経験を積みます。ここでのポイントは、あくまでも「楽しく」です。ビーズ通しやあやとり、折り紙や粘土遊びなどが挙げられます。保護者と連絡を取り合い、このような遊びを家庭でも取り入れてもらうようにしましょう。最近では、「どのように子どもと遊べばよいのかわからない」保護者もいるので、具体的な遊び方をクラス便りや保護者会で積極的に知らせていきましょう。

対応のポイント

いろいろな使い方を工夫する（配慮する）

　嫌がっているときは無理強いせず、"製作活動以外のとき"に「どのようなことが苦手なのか」を観察し、情報を集めます。そして、「スティックのりを使う」「のりベラを使う」といった直接的な接触を避ける工夫をみんなに適用します。もしくは、のりの使用時には各机におしぼりを置き、すぐに手をふけるようにします。「適量」は実際の量を示し、イメージがもてるようにしましょう。

対応のポイント

完成イメージをクラス全員に見てもらう

　製作活動の説明をするときに、文字や絵でわかりやすく示した手順表を示します。製作途中で手順がわからなくなるのはノリオ君だけではありません。貼っておくことでそのつど説明を求めず、自分で確認することができます。また、見本を用意して見せながら説明することで、完成のイメージをもって取り組めます。または、見本をノリオ君の机に置いてもよいでしょう。

さらにステップアップ（応用編）

子どもとの関係や集団づくり等のポイント

みんなの前でほめることで自信をつけてもらう

　もし、年長組（5歳児）で苦手意識が強い場合は、これまでの苦い経験から他の場面でも自信がもてないことが予想されます。信頼関係をつくりつつ、みんなの前で認めたり、ほめたりする場面を意図的に設けていきましょう。

日常的に製作にふれる環境づくり

　遊んでいるときに、自然と製作ができるような環境づくりをします。製作コーナーは、落ち着けるよう保育室の一角に設け、材料棚と机、完成途中の作品を置ける棚との間を狭くしてコーナーで活動が完結できるようにします。また、自分のところで製作できるように持ち運び可能なかごや箱を用意しておきましょう。

保育者のスキルアップ

身体を使った遊びはスモールステップで

　不器用だったり、遊びの経験が少ないノリオ君のような子どもは、製作活動以外に運動も苦手なことが多いです。身体の動きを考えて、苦手な運動は動きを細かく分けて練習しましょう。たとえば、縄跳びであれば、①両足をそろえて跳び越す、②両腕を横にして固定してまわる、③腕を振りおろしながら跳ぶ、といった具合です。

本人の集中できる時間を把握する

　ノリオ君が集中できる時間は何分ぐらいでしょうか。気になる子は、保育者の「終わり」の声かけがないと困ります。せっかく作品を完成させても、終わりの合図がないために本来の目的を忘れて違う絵を描き始めたり、余計な作業を入れて壊したりするなど、最後まで取り組めなかったりします。

保育者が取り組んだ実践から

　ノリオ君は、朝から機嫌が悪いと保育室に入室しても着席しません。製作活動の説明が始まっても聞かず、興味がないようにみえます。製作活動に参加しない理由はいろいろあると思いますが、ノリオ君は「できなかったらどうしよう」という気持ちが大きいように感じられました。

　私は、ノリオ君へ丁寧に説明をしようとしますが、年中組に進級しクラスの人数も増えたので思うように声をかけられませんでした。「やらない」と言って保育室から出て行ってしまう場合は、フリーの保育者と連携してしばらく個別対応をすることにしました。

　静かな環境でしばらく遊び、気持ちが落ち着いてくると、ノリオ君は製作活動にも興味をもっていることが感じられました。こいのぼりの目玉を作ったり、うろこを貼る作業もおしゃべりしながら楽しそうに行います。こいのぼりができ上がると、満足そうに私に見せに来てくれました。はさみものりも問題なく使えることをフリーの保育者から聞き、作業ができないから参加しないのではなかったことに気づき、ノリオ君の気持ちに添った声かけを工夫するようにしました。

　ノリオ君の「できなかったらどうしよう」という不安が解消するにつれてクラスで過ごす時間が増え、製作活動へも落ち着いて参加できるようになってきました。

場面6：運動会の練習1

運動会のリレーの練習が苦手です

> 事　例

　フミちゃん（5歳児）は年少組の頃から嫌なことがあるとかばんを放り投げたり、その場から動かなくなりました。先日、クラスでリレーをしたとき、途中で走るのをやめたり、コースから外れたり、最後には怒り出してしまいました。

> こんな対応していませんか？

リレーを「すること」が目的となっている

　「ここで許すとみんなへのしめしがつかない！」という気持ちが強いと、フミちゃんの本当の課題を見失ってしまいます。視点を変えて「年長組のフミちゃん」ではなく、これまでの姿から「今のフミちゃん」を捉えましょう。

改善の主なポイント

☑ リレーのルールをクラス全員で確認する
☑ なぜバトンを使うかわかりやすく説明する
☑ 本人にとって走りやすい環境をつくる
☑ 勝ち負けとは別の要素を追加してみる

運動会のリレーの練習が苦手です

フミちゃんの本当の気持ち（個の背景、配慮）

失敗を受け止められない
　フミちゃんは何でも勝ったり、一番にならないと気がすみません。このような子は、「一番でバトンを渡せない」「他の子に抜かされる」とわかると途中でリレーを放棄します。パニックを起こして、混乱しているようにも見えます。

バトンを渡すというルールがわからない
　発達が気になる子の中には、「前走者からバトンを受け取り、走って行って、次の走者に渡す」という基本的なルールを理解していない子どもがいます。そのため、走るときに突然バトンを放り投げるときもあります。

大きな歓声により集中力が途切れる
　リレーは今も昔も、大変盛り上がる競技です。しかし、発達が気になる子にとっては応援している声や激しい動きなど、人や物がもたらす情報が多く、楽しさよりも混乱のほうが上回ります。そのため一定時間、集中することや気持ちをコントロールすることが苦手です。

周りにいる子やクラスの様子（集団の背景、配慮）

勝ち負けの偏りを避ける
　リレーの練習を重ねていくと、いつも負けるチームが決まっていくことがあります。フミちゃんだけでなく、他の子どももリレーに対するモチベーションが下がることが予想され、スタート前からやる気のないチームも出てきます。

対応のポイント

絵本などを使ってルールを確認しておく

　ルールをみんなで再確認します。「リレーは最後の人がゴールしたら決まります。勝つためにはバトンを次の人に渡します」と共有します。「最後まであきらめないで走って一番になった」というストーリーの絵本や紙芝居を使って、みんなで一番を目指すように努力するよう伝えます。

なぜバトンが必要か、わかりやすい説明が必要

　バトンが何を意味しているのか、誰に渡せばよいのかをわかりやすく伝えておきます。頭の中で、物と名前が結びつかないこともあるので、バトンを見せて「バトンです」と伝えておきます。また、バトンを渡す走者を忘れることがあるので、走る前に次の走者を確認しましょう。

本人にとって走りやすい環境をつくる

　リレーに集中しやすい環境をつくります。コーンやロープなどで走るコースを仕切ってわかりやすくします。興奮すると白線を見失うこともあるので、太く引きます。また、コースから外れたら静かに手をつないで元のコースに誘導します。注意したいのは、保育者から追われることで興奮することもあるので、気をつけましょう。

勝ち負けとは別の「応援ポイント」を用いる

　時には厳密な勝敗のほかに「一生懸命応援したポイント」などを加えて、総合点として結果を出してもよいでしょう。結果だけにこだわらなくなり、勝ち負けに対するクラス全員の価値感に幅が出ていきます。

運動会のリレーの練習が苦手です

さらにステップアップ（応用編）

 子どもとの関係や集団づくり等のポイント

フミちゃんの気持ちを代弁する

　勝ちたい一心で近道をしてしまい、コースから外れることがあります。けっして独りよがりではなく、チームに対する応援の気持ちからの行動だということをクラスに伝えるとともに、フミちゃんと一緒に行為を振り返りましょう。後悔をしている言葉が出てきたら大きな成長と捉えられます。

クラス全体の実態把握を

　クラス全体でリレーをする場合は、クラスの実態を把握してから始めます。年長組で難しいようであれば、まずはチームを半分にして向かい合わせにしてリレーをします。「後ろを向いてバトンをもらい、前を向いて走り出す」という行為は、子どもにとって難しいようです。

保育者のスキルアップ

走りきれたら「すぐ」「具体的に」ほめる

　みんなとリレーを楽しめたという経験が自信になり、「運動したい」という気持ちを育みます。フミちゃんが走ったあとに、具体的な姿をほめます。ただし、興奮気味にほめると興奮をあおり、かえって感情を崩すこともあるので注意が必要です。

思い切って第一走者をしてもらう

　順番を待つことが苦手なら、思い切って第一走者にして、待つ時間をなくすのも一つです。そして走り終わったあとにするべきこともしっかり伝えます。「成功体験を積む」ことをねらいとするときは、このような対応でもよいのではないでしょうか。

保育者が取り組んだ実践から

　嫌がるフミちゃんを無理やり活動に誘うことにためらいがあったので、「じゃあ、今日は見てて」と本人が参加したい気持ちになるのを待っていました。
　保育後、フミちゃんの参加したくない気持ちを他の保育者と話し合い、もしかしたら並び順ややり方がわからないのかもしれないと仮定をしてみました。何に困っているか、どこで戸惑っているかを考え、「並びましょう」と誘うだけでなく、具体的に「○○ちゃんの隣に立っていれば大丈夫」と指示をしたり、「練習が1回終わったらおままごとで遊ぼうね」と見通しがもてるような声かけをするようにしました。

　嫌々ながらも列に並び、トラックを1周走り終わると、意外にも「うれしかった」と笑顔で話すフミちゃんの姿がありました。やりたい気持ちがあったのに、どう参加すればいいかわからなかったため、参加を嫌がっていたということに気づかされました。年長児は今までの生活経験から、少ない指示で全体が動くことができますが、具体的な指示の大切さを改めて感じました。特にリレーでは、走り出すタイミングや方向の判断に難しさを感じるので、「大丈夫。よし走るよ」と声をかけながら一緒に走り、援助をしました。
　運動会当日、フミちゃんは立派に走りきることができ、その後の園生活でも以前より明るく活発に活動する姿が見られるようになりました。

場面7：運動会の練習2

運動会の組み立て体操の練習が苦手です

事　例

　マサキ君が楽しみにしていた組み立て体操の練習が始まりました。1回目の練習は、はりきって参加しました。しかし、なぜか次から参加はするものの、途中で抜け出してしまう姿が見られ、それ以降参加を嫌がるようになってきました。

こんな対応していませんか？

強制的に参加させる

　組み立て体操は、クラス全員で取り組む活動のため、協調性や主体性などをねらいとしています。そのため、自ら取り組む気持ちや姿勢が求められます。しかし、マサキ君のようなタイプの子には、強制的に参加を促すのではなく、まずは原因を探る必要があります。

改善の主なポイント

☑ 子どもの課題をまず見極める
☑ 身体のコントロールを目標に取り組む
☑ 「練習すればできる」を積み重ねる

運動会の組み立て体操の練習が苦手です

マサキ君の本当の気持ち（個の背景、配慮）

身体に機能的な課題がある

　発達が気になる子の多くは、身体の各部の協調性に課題があります。「自分の体の状態がどうなっているか」といったイメージがわかず、動きに必要な筋肉の緊張を保てないことから、力が入らなかったり、疲れやすかったりします。保育者から見るとやる気がないように見えるので、注意する回数が増えてしまいます。すると、ますます本人の参加意欲が乏しくなっていきます。

練習"する・しない"といった参加意欲にムラがある

　日によって気分にムラがあり、練習に参加したり参加しなかったりします。当然、マサキ君が参加しないと、一緒に組んでいるメンバーも練習ができないので、不満がたまっていきます。

周りにいる子やクラスの様子（集団の背景、配慮）

できないから、身体を動かすことが嫌い

　年中～年長組になると、自分ができないことを自覚していきます。失敗経験が積み重なることで「できないからやりたくない」という気持ちが強くなっていきます。「なわとび」「鉄棒」など、運動能力の個人差がはっきり出ることを避ける姿があります。保育者からの叱咤激励だけでは限界があり、クラス全体に運動能力に対する苦手意識が定着している可能性もあります。

遊びの内容が偏っている

　園庭や公園で遊んでいる内容が偏っていませんか？　子どもはもともと身体全体を使って遊ぶことが大好きです。子どもが自分で遊びを見つけたり、友だちと考えたりすることが理想ですが、クラスが同じメンバーで、いつも同じ遊びになり、遊びの幅が狭くなっているかもしれません。

筋力と体力をつける活動を取り入れる

　日常生活における同じ動きや運動だけではなく、生活や活動の中で身体を動かすことを意図的に増やします。荷物を持つ機会を増やしたり、「おしくらまんじゅう」「綱引き」といった踏ん張る動きを保育に取り入れたりします。その際、「いつまで踏ん張るか（がんばるか）」といった「終わり」を示すことで、あきらめず最後まで取り組めるようにしましょう。

保育者が「代役」をしつつ、参加を促す

　気分のムラに「法則性」があるのかを観察します。参加を嫌がる日は「天候が悪い」「週末に多い」といった法則性がわかれば、その日は参加を強く促さず、（保育者の配置に余裕があれば）マサキ君の代わりに保育者が入りましょう。マサキ君が参加しないため、グループで練習ができない状態を避けます。次に、マサキ君が練習に参加する気分になったら保育者と交代するようにします。

「練習すればできる」を積み重ねる

　まずはクラスで楽しみを共有しやすい「かくれんぼ」「色おに」など、誰もが楽しめる遊びを経験します。苦手な動きは、保育者が「一緒」に身体を動かします。「できた・できない」ことにこだわらず、「がんばって取り組んだ」「練習すればできる」いう実感をともに重ねていきましょう。

積極的に遊びを取り入れる

　保育者がクラスになじむような遊びを積極的に提供しましょう。はじめは保育者も入り、遊びをリードしていきます。簡単なルールがある遊びには、リーダー的な子どもを中心に覚えていくよう援助しましょう。楽しく身体を動かした経験が多くなるよう、帰りの会で遊んだことなどを振り返って、楽しい経験の共有と意味づけをします。

運動会の組み立て体操の練習が苦手です

さらにステップアップ（応用編）

子どもとの関係や集団づくり等のポイント

一緒に組んでいるメンバーと協力する

　組んでいるメンバーと、練習以外の場面でも協力して何かをする機会を設けます。係活動や一つの目標に向かって取り組む遊びなどを、保育中に取り入れていきます。「メンバーと協力するのは、練習のとき」と固定せず、普段の保育の場面でも意図的に増やして交流をはかります。

他の役割も選択肢に入れる

　さまざまな理由で参加が困難で、かつ保育者の数に限りがあるならば他の役割を与えます。「保育者と一緒に技を言う」「隊形移動の目印になってもらう」「（太鼓を叩きながら技を進めるならば）太鼓を叩く」など、マサキ君オリジナルな役割を設けます。ただし、他児と違う活動内容なので事前に保護者にマサキ君の動きを伝えることから始めます。そして、集団の一員として"マサキ君も他児も"意識できるよう工夫します。

　発達に遅れがあるから、という理由だけで「練習時にその場ではなく、他の保育室や園庭など違う場所で過ごす」といった対応をする保育者がいます。そうではなく、「その場にはいるが、同じことを強要しない」といった発想ではどうでしょうか。他児が"気になる子"をクラスの一員として認識するためには同じ場にいる必要があります。役割や係りを設け、対応しましょう。

保育者のスキルアップ

声かけの工夫

　多様な動きを経験するために固定遊具やサーキットをします。発達が気になる子は、自分の動きを意識し続けることが苦手なため、「マサキ君、手をつかんで」「足を見てね」とその場で具体的に言葉をかけて注意を促し、「かっこよかったよ」とほめるようにしましょう。

保育者が取り組んだ実践から

　当初、マサキ君の行動をどう受け止めていいのかわかりませんでした。苦手さがどの場面にあるのか他の先生たちと観察したところ、「２人組」「４人組」「ピラミッド」で見られました。２人組、４人組では、友だちとのかかわりに恥ずかしそうな様子が見られ、コミュニケーションの薄さを感じました。ピラミッドでは、マサキ君の様子を見てみると「フラフラして落ち着かない苛立ち」「背中に乗る不安な表情」を確認することができました。２人組、４人組での取り組みを強化するために、普段の保育の中で、組み立て体操のメンバーと遊ぶ時間を設けました。ピラミッドについては子どもたちとも相談し、安定できる負担の少ない場所にしました。

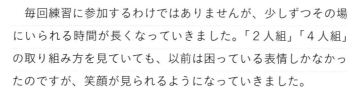

　毎回練習に参加するわけではありませんが、少しずつその場にいられる時間が長くなっていきました。「２人組」「４人組」の取り組み方を見ていても、以前は困っている表情しかなかったのですが、笑顔が見られるようになっていきました。
　ピラミッドでは身体が安定したことで、安心した表情に変わり、マサキ君のがんばっている姿を周りの子どもたちがほめ合うようになり、マサキ君の居場所ができているように感じました。
　運動会当日も、表情がかたいながらも最後まで参加することができました。マサキ君（個）の育ちには、子ども同士（集団）のかかわりが大切なのだと改めて痛感しました。

場面8：運動会の練習3

運動会のパラバルーンの練習が苦手です

> 事　例

　ユウ君は楽しみながらパラバルーンの練習に参加しているものの、うまく移動ができなかったり、ふざけて遊んだりしてしまい、友だちから嫌がられてしまいます。特に、やることがわからないのか一人だけ動きが違っていたり、遅れていたりすることが多いです。

> こんな対応していませんか？

いつも同じかかわりや声かけをしている

　動きや移動を繰り返し指導しても変化がないのは、ユウ君にとって「わかりにくい」指導だからです。声かけの内容を変えずに、「声かけの頻度」を高くするやり方では、ユウ君の姿は変わりません。

改善の主なポイント

☑ 技と名前を視覚的に結びつける
☑ クラスの友だちの力も借りながら
☑ 子どもたちに合う物的・人的環境づくり
☑ "＋α"の練習で、身体を通して覚える

ユウ君の本当の気持ち（個の背景、配慮）

名前から"技"がイメージできない
　パラバルーンの技には、それぞれ名前をつけていると思いますが、その多くは何かに見立てた名前です。発達が気になる子の多くは、名前からイメージすることが苦手なため、技と名前がつながりません。

奥行きのある動きや模倣が苦手
　繰り返しになりますが、発達が気になる子はイメージすることが苦手なため、保育者による「高く」「強く」「大きく」などの指示がわかりません。さらにパラバルーンは、奥行きのある動きや動きを伴う模倣が主になるため、練習についていけないことが多いのです。

音に敏感なため、戸惑ってしまう
　発達が気になる子の中に、聴覚や視覚、触覚などに過敏さがある子がいます。パラバルーンの練習では、「保育者の声」「パラバルーンがゆれる音」「大きな音で流れる音楽」「合図で一斉に動く様子」など、たくさんの情報が一度に入ってくるため処理しきれずに恐怖を感じる子もいます。

周りにいる子やクラスの様子（集団の背景、配慮）

周りの動きに関心がない
　パラバルーンは団体演技です。クラスの子がお互いに助け合う雰囲気が欠かせません。練習当初はまだクラスの子も必死なので余裕はありませんが、「パラバルーンに入れない」「場所がわからない」などの子がいても我関せずの雰囲気が蔓延していると演技が成功するまでに時間がかかります。

技と名前を視覚的に結びつける

　練習中、「メリーゴーランド」「花」「波」といった名前が飛び交っています。しかも、"持っている物"はパラバルーンです。ユウ君は、それらの名前とパラバルーンを関連づけて認識できません。ユウ君が技と名前を結びつけられるように、視覚的に伝える必要があります。写真や絵の下に名前を書きセットにして、練習前に確認をします。また、ユウ君を含め、いつでもみんなが確認できるように保育室や廊下に表を貼っておきます。

目印や動きを具体的に示す

　具体的なものを目印にしたりイメージしやすい言葉を使って、動きを引き出します。「手が空に届くぐらい」「やぶれるぐらい引っ張る」といった感じです。このような声かけは発達が気になる子をはじめ、発達が気になる子予備群にとってもわかりやすくなります。

他の友だちの力も借りながら

　部分的な参加を考えます。活動中によくある場面として、パラバルーンの中に入ることを怖がるケースがあります。そのときは、保育者が入って見せたり、パラバルーンに入っている他の子どもから「ユウ君！」と名前を呼んでもらいます。これを繰り返して慣れてきたら、「入りましょう」と保育者が声をかけるだけで中に入れるようになることを目指しましょう。

子ども同士でフォローするクラスに

　年長組（5歳児）であれば、「さらに上手になるには」というテーマで話し合う機会を設け、友だちに目を向けてフォローし合う大切さに気づいてもらうのはどうでしょうか。友だちとともに作り上げ、成功するという体験は、目的に向かって集団で行動することが増えるこの年齢には必要です。

さらにステップアップ（応用編）

 子どもとの関係や集団づくり等のポイント

子どもたちに合う物的・人的環境を整える

　大小さまざまなパラバルーンを使用します。それらのパラバルーンも同じ人数にするのではなく、人数が「多い」「中くらい」「少ない」パラバルーンを用意します。「多いパラバルーン」は、持ち上げたりおろしたりするときに、一人にかかる負担が少なくてすみます。ユウ君を「多いパラバルーン」に割り当てて、ユウ君の両隣りには仲のよい友だちが並ぶようにします。そうすることで自分の場所が明確になります。もしわからなくなったときには、「こっちだよ」と手を引いて誘導してくれるかもしれません。

保育者のスキルアップ

動きを指示するときは具体的に

　技の始まりと終わりをわかりやすくするために、カウントダウンをします。この場合「1、2、3…」とカウントするのではなく、「3、2、1」とすることで「終わり」がはっきりします。

"＋α"の練習で、身体を通して覚える

　パラバルーンをしっかりつかむことができない場合は、保育者がパラバルーンを使ってユウ君と一緒に引っ張る練習をしたり、ユウ君の後ろから一緒に持って力の入れ具合を身体を使って身につけてもらったりするとよいでしょう。動きを身につけるには、「二人羽織」の姿勢で取り組むことが有効です。

保育者が取り組んだ実践から

　まずは、どの場面が苦手で、気持ちが持続できなくなるのかを観察しました。すると、保育者の指示が聞けずにふざけてしまったり、リズムを合わせるときに一人だけずれてしまい、友だちに文句を言われたりしていました。また、パラバルーンを持ち上げるときに中に入って遊んでしまうことで、先に進まない苛立ちを周りの子どもが感じていました。

　他の保育者からも意見をもらい、指示を出すときには、保育者の目の前で聞けるようにすること、音に合わせて手拍子をするなど、リズムを感じられる遊びを取り入れてみました。合わせて、完成した技の写真を見せ、見通しをもたせるようにしました。

　ユウ君の「聞く環境」を整えたことで、保育者の話に注目するようになりました。このことは製作の場面でも見られる変化でした。リズム遊びの様子では、取り組みはじめは固い表情をしていたユウ君でしたが、回数を重ねるごとに、「次は、音に合わせて歩いてみるね」「うさぎさんみたいにジャンプしたいから、ピアノ弾いて」など、意欲的な要求をするようになりました。

　パラバルーンの中で遊んでしまうことはしばらく続きましたが、リズムに合わせて友だちと一緒に楽しむことができるようになりました。リズム遊びは、運動に不器用さが見られる他の子どもにもよい影響を与えていました。

場面9：朝の準備
朝の身支度に時間がかかり、取り残されることがあります

> 事　例

　リコちゃんは登園時刻も遅めで、毎朝、身支度だけで数十分かかってしまっていました。声をかけても、ボーッとしていて無気力な様子です。リコちゃんが支度を終わらせる頃には、もう片づけの時間になってしまうことも少なくありません。

> こんな対応していませんか？

「早く、早く！」と急がせる

　「手伝うと甘やかしになる」ため、自覚を促すようにするという思いはわかります。しかし、リコちゃんのような発達が気になる子は、「できるのにやらない」というよりは「できない」「わからない」のでやらないことが多いのです。

> 改善の主なポイント

- ☑ 手順を視覚的にわかりやすく伝える
- ☑ 動線を短くするなどの環境づくり
- ☑ 「かかわりの度合い」を少なくしていく

朝の身支度に時間がかかり、取り残されることがあります

リコちゃんの本当の気持ち（個の背景、配慮）

登園してからの動きがわからない
　毎日やることが定着せず、登園すると何をどのように始めればよいのかいつもわかりません。登園をしても行動に移らず、立ち尽くしている姿があります。

やりたいことを優先してしまう
　支度をする気持ちはあるのですが、何か見えるとそちらの方に気持ちが向いてしまいます。集中が続かなかったり、注意がそれやすかったりするのでいつの間にか友だちと遊んでいます。やりたいことを優先してしまい、支度はそのままの状態です。

"発達が気になる子のまま"年長組に
　これまでの園生活の活動や学びが、年長組（5歳児）となっても定着していない場合があります。これまでその子の実態をつかめていない証拠であり、その子は毎朝困ったまま年長組になったといえます。

周りにいる子やクラスの様子（集団の背景、配慮）

「何とか」支度している子がいる
　発達が気になる子がクラスにいてもいなくても、わかりやすい指示を意識します。「朝登園したら、まずは鞄をロッカーにかけて、鞄からタオルとコップを出して、そのタオルをかけて、コップはコップ棚に…」と言葉で説明しても覚えられない子どもが多いです。発達が気になる子予備軍の中で模倣する力がある子はまねしながら「何とか」支度している場合もあります。

手順をわかりやすく視覚的に伝える

　手順や物を置く位置などを視覚的にわかるよう示します。イラストと文字からなる手順表を作って、忘れてもすぐに確認できるように子どもの目に入るところに置きます。もし手順表を自分で見ることが難しい場合は、絵カードなどを活用して個別に対応します。1枚のカードに準備するものを一つ書き、それを1枚ずつ見せます。

動線を短くするなどの環境づくり

　注意がそれない環境づくりが必要です。保育室の隅を利用したり、パーテーションを使って支度コーナーを作り、刺激を最小限にします。また、連絡帳にシールを貼る場所、タオルかけ、ロッカーなどを1か所に集め、動線を短くします。リコちゃんのロッカーを端にすると他の場面でも動きが少なくなり、刺激が少なくなります。

「かかわりの度合い」を少なくしていく

　リコちゃんができるところは自分でやってもらい、できないところを保育者が手伝います。個別対応の初期は、「かかわりの度合い」が9割かもしれませんが、望ましい行動が定着していけば徐々に7割、5割と少なくなっていくかかわりが求められます。この対応はクラスの子どもに対しても同じです。

クラスの子どもたちが視覚支援を必要としている

　「気になる子」以外で、手順表や絵カードを頼りにしている子がいませんか？　おそらくその子は、「気にしなければならない子」です。発達が気になる子と同じぐらい視覚支援を求めている子と捉えましょう。

朝の身支度に時間がかかり、取り残されることがあります

さらにステップアップ（応用編）

子どもとの関係や集団づくり等のポイント

自ら行動できるように促す

　子どもが動く前に大人が声をかける環境で生活している子は、家庭でも園でも受け身になりがちです。大人の指示がなければ動けません。「今は何をするんだっけ？」と自分で気づけるような声かけをしましょう。

一つひとつ確認する

　年長組で、ある程度理解する力がある気になる子であれば、一つひとつの動作が終わるたびに保育者のところに来て報告してもらいましょう。知らせに来ることで保育者も把握できるとともに信頼関係が築けます。来たときにハイタッチするなど、何か認める行為を入れると励みとなり、最後までやろうとする姿が増えていきます。

保育者のスキルアップ

わかりやすさは十人十色

　イラストを見てわかる子、写真を見てわかる子、実物を見てわかる子など、視覚支援といっても多様です。さらに文字だけのカードがよい、という子もいます。絵カードを２週間使っても変化がない場合は、別の内容をためし、どれがわかりやすいのかを検討しましょう。

「できない？」「やらない？」

　子どもの表面的な姿ばかりを見ていると、「できない子」なのか「やらない子」なのかがわかりません。「できない子」には個別対応、「やらない子」にはやる気を起こさせる対応、と実態によってかかわりが変わってきます。この点は、保育者の専門性の一つといえます。

保育者が取り組んだ実践から

　身支度に時間がかかる子は、リコちゃんも含めクラスに数人いました。そのため、まずはその子どもたちが落ち着いて身支度できるように、朝早めに登園してもらったり、ロッカーの配置・動線を見直しました。

　登園時には「長い針が○○までにがんばろう！」と時間を意識できるように声かけを行いました。また、好きな遊びを知ることができるようにかかわったり、子どもたちが身支度を早く済ませて、遊びたいと思う気持ちがもてるような環境設定をしたり、遊びに興味がもてるように声をかけました。

　まず、早めに登園することで落ち着いた雰囲気の中で身支度が行えました。そして、子ども自身が具体的に時刻を意識することで、その時刻までに終わらせようと意欲的に取り組んでいました。できたときはどの子もとてもうれしそうで、自信につながっていったと感じます。また、ロッカーのところにとどまる子がいなくなることで、場所に余裕がうまれ、クラスの子どもたちの支度のペースも上がりました。

　他にも、登園時「今日は○○で遊びたいから、お支度がんばるぞー」という言葉が聞かれたり、いつも遊び込めていなかった子どもたちが友だちと遊ぶ時間が増え、かかわりが広がっていったように感じます。基本的生活習慣をきちんと身につける大切さや、子どもたちが遊ぶことを楽しみに登園する大切さを感じました。

場面10：ごっこ遊び

ルールを守って遊ぶことが苦手で、一人で浮いてしまいます

事例

アラタ君（5歳児）は、集団遊びのルールを勝手にやぶったり、戦いごっこの武器や役にこだわったりします。最近ではルールを守らないので、友だちから「ずるい！」と言われることが多く、遊びに誘われないことが多くなっています。

こんな対応していませんか？

叱ったり責めたりしている

「なぜルールを守らないの？」と責めたてます。トラブルのいきさつやルールの内容に触れず、話の中心が「（ルールを）守らなかったこと」になっています。アラタ君は悪気がなく、叱責ばかりになるので、遊びへの興味や意欲を失っていきます。

改善の主なポイント

☑ ルールを守る理由を具体的に伝える
☑ 理解度を図りながら、ルールを教える
☑ クラス全員でルールの確認をする
☑ クラス内の雰囲気を解消していく

アラタ君の本当の気持ち（個の背景、配慮）

ルールを守る意味がわからない

　周りの子に興味や関心がないのかもしれません。そのため、自分本位な行動が多くなってしまいます。ルールを守る意味がわからないため、「おもちゃを独り占めすると、友だちが困る」「相手のことを考えながらボールを投げないと、（相手が）ぶつかって痛い」といったことがわかりません。

ルールそのものが理解しにくい

　ルールが守れないというよりも、ルールそのものを理解していないかもしれません。自分の興味や関心があることには年齢不相応に知っていたり、話をしたりします。しかし、それ以外のことは興味がないため、理解していないことがあります。

周りにいる子やクラスの様子（集団の背景、配慮）

あいまいなルールが苦手

　いつも遊んでいる遊びなのに、ルールが場当たり的に変わっていることがあります。みんなはその場で「何となく」遊ぶことができるかもしれませんが、アラタ君はその場の状況をつかむことが苦手なため、変更したルールについていけずいつも困ってしまいます。

ルール違反とうつることが多い

　園では集団で生活をしています。一日のさまざまな場面でルールを守ることが求められるため、「アラタ君はルール違反」とうつる場面が多くあります。それが積み重なっていくと、アラタ君とクラスの子との間に距離がうまれて孤立してしまうこともあります。

ルールを守る理由を具体的に伝える

　ルールを守る「理由」をしっかり伝えましょう。ルールを守らないことで生じる「相手が困る」「ぶつかって痛い」などの例を最後まで言葉にします。その際は、周囲に目が向くように実物や相手を示しながら具体的に教えていきましょう。

理解度を図りながら、ルールを教える

　保育者はアラタ君の近くで一緒に遊びながら、ルールに従ってどのように動くのかを教えましょう。このことは、アラタ君の理解の仕方を知る機会にもなります。何度か一緒に遊ぶことを繰り返していくうちに、アラタ君は適切な振る舞いを身につけていきます。

クラス全員でルールを確認する

　遊び始める前にアラタ君だけではなく、クラス全員でルールを確認します。その際は、紙にルールを文字やイラストなどで書き、それを読みながらみんなと確認しましょう。もし、ルールが複雑だと感じる遊びであれば、遊び始める前に実際に1回やってみます。アラタ君を「見本」としてルールを説明しながら実際に演じてもらうとより理解しやすいでしょう。

「アラタ君が悪い」という雰囲気を解消していく

　保育者は、アラタ君への対応のあとに、クラスの子どもに対しても「悪意はない」ことを伝えましょう。そのままだとクラスの子は、アラタ君への不満が募っていき、アラタ君の居場所が少なくなってしまいます。

さらにステップアップ（応用編）

 子どもとの関係や集団づくり等のポイント

100％の理解を求めない

　アラタ君だけではなく、クラスの子の中にもルールがわからない子がいます。「ルール＝守らせる」という気持ちが保育者に強すぎると、子どもは遊びへの興味や意欲がなくなります。また、遊びを中断してまでも厳密にルールを教え込む必要もありません。理解が追いつかない子どもに、再度ルールを説明してもすぐに理解できるようにはなりません。

集団遊びを促す前に

　5歳児でルールのある集団遊びを活発にするためには、4歳児のときに、簡単なルールがある遊びをして「みんなでルールのある遊びをすると楽しい！」という気持ちになっていることが前提となります。まずは、4歳児のときにそのような体験をしてきたのかを確認しましょう。

保育者のスキルアップ

「見立て遊び」が苦手なケースでは

　発達が気になる子の中に「見立て遊び」が苦手な子がいます。たとえば、「粘土をクッキーに見立てて、クッキー屋さんをする」という場面では、粘土としては認識するものの、クッキーとして捉えられないのです。無理に参加させようとせず、他の遊びに目を向けさせてもよいでしょう。

ルールを守ると楽しいことを実感してもらう

　「ルールを守ることがなぜ大切か」を子ども自身が理解できなければ、守ろうとする気持ちは芽生えません。クラスにルールを守ることの意味を実感させ、「ルールを守ったら、楽しい！」という雰囲気を醸成させることが必要です。

保育者が取り組んだ実践から

　アラタ君は、友だちの楽しそうな様子を意識し、自ら「入れて！」と呼びかけますが、遊んでいるうちに「自分なりのイメージ」をつくってしまい、周りの遊びとずれていってしまうようです。友だちとかかわっている場面では、遊びの展開を見守り、周囲とずれてしまうポイントを保育者が把握しました。
　周りの子は、一緒に遊んでいたのにルールを守ってくれないアラタ君を指摘したくなってしまう姿がありました。そこで、保育者がそのつど仲介し、アラタ君の思いを理解できるように話していきました。またクラスの子どもの不満がたまらないよう配慮し、気持ちを聞きながらもアラタ君とのかかわり方を話していきました。

　トラブルになる前に、ルールを確認できるよう働きかけたことで、もめて遊びが中断することは少なくなりました。保育者が仲介することで、それぞれの動きの中に思いがあることを互いに理解しようとする姿が増えました。また、アラタ君も「今、ぼくは○○していたんだよ！」などと、言葉で確認を取ろうとする姿が出始めました。言葉でのコミュニケーションが増えたことで、お互いに受け入れ合える空気感ができ、かかわりがスムーズになっていく様子を感じました。
　「アラタ君には事前に話をしたり、確認を取ったりしながら遊んだほうがいい」という周囲の理解があることで、アラタ君もだんだんとゆずる余裕が出てきています。

場面11：順番を守る

順番を待たないで横入りをするため、トラブルが絶えません

事 例

移動するときや保育者から手紙をもらいに行くとき、ケイちゃん（4歳児）はみんなと同じタイミングで並ばずにフラフラしています。保育者が何度も並ぶよう促すと、列の途中に割り込むため、いつもトラブルが絶えません。

こんな対応していませんか？

「並びなさい」と繰り返し伝える

並ぶように何度か伝えると、"一時的にその場では"理解します。しかし、違う場面でできないのは、本当に理解しているわけではないということ。同じかかわりで変化が見られないのであれば、再度ケイちゃんの実態を把握する必要があります。

改善の主なポイント

☑ 一列に並ぶ絵を示しておく
☑ 自分の順番がわかるよう工夫する
☑ 「並ぶこと」を全員で定着していく
☑ 遊びを通して、並ぶことを体験する

順番を待たないで横入りをするため、トラブルが絶えません

ケイちゃんの本当の気持ち（個の背景、配慮）

「順番に並ぶ」というルールをわかっていない

　おおむね3歳ごろから順番が守れるようになります。4歳のケイちゃんは、何度注意されても順番を守れません。この場合「順番に並ぶ」というルールそのものを理解していない可能性があります。実は言葉で理解しているように見えても、周りの様子から何となく感じ取って動いていることが少なくありません。

自分の順番がいつくるのかわからない

　気になる子の多くは、見通しがもてないことがあります。自分の順番がいつくるのかわからないため見通しがもてず、列に割り込んでしまうことが考えられます。「列に並べば、自分の番がくる」ことを知るところから始める必要があります。

周りにいる子やクラスの様子（集団の背景、配慮）

待っている人に気がつかない

　やりたい気持ちが強すぎて衝動的に動いてしまいます。そのため、列で待っている人に気がつきません。「自分が気になったもの」「目に入った気になること」が興味の最優先となり、「使っている人」「待っている人」が目に入っていません。列に割り込まれても文句を言えない子が多い場合は、クラスで共有すべきルールがなくなっていることが考えられます。

「並ぶとき」は、「注意されるとき」という思い込み

　「並ぶとき＝注意されるとき」という図式ができあがり、順番に並ぶことそのものに嫌悪感を抱いている子がいます。園生活で順番に並ぶメリットがないのかもしれません。

一列に並ぶ絵を示しておく

　視覚的に訴えながら説明をします。たとえば、子どもたちが一列に並ぶ絵を示し、一番後ろの子を強調します。そして「列の一番後ろはここ」としるしをつけます。そのあと、実際にケイちゃんと一緒に列に並びます。ブランコや滑り台などの固定遊具の場合、並ぶ場所に白線を引くなどして明確にするとわかりやすいです。

自分の順番がわかるようにする

　まず、並ぶ列にしるしをつけます。戸外であれば地面に○印、室内であればビニールテープといった感じです。どちらも「一つのしるしに一人」を鉄則にします。前の人が終わったら、一つ前のしるしに移動します。「このように並べば自分の番がくる」ということを理解してもらえます。並ぶ人数が多い場合は、自分の番まで時間がかかります。はじめは、2番目、3番目など、少し待てば自分の順番になる位置から並びましょう。

「並ぶこと」をクラスに定着させる

　クラス全員で「列に並ぶこと」「順番に使うこと」の重要性をあらためて確認しましょう。その際、言葉で理解することが苦手な子もいるので、子どもたちが並んでいるイラストなどが描かれた絵カードを見せながら伝えると効果的です。列に並ぶという姿勢がない子が多い場合は、基本的な規範意識が低下しています。保育者がルールを再確認して、クラスの立て直しを図りましょう。

遊びを通して、並ぶことを体験する

　「ドンじゃんけん」「じゃんけん列車」など、列に並ぶことで楽しみが共有できる遊びを取り入れます。一斉活動などで順番を意識させることが難しい場合は、遊びを通して楽しい雰囲気を共有しつつ、教えていくのもよいでしょう。

順番を待たないで横入りをするため、トラブルが絶えません

さらにステップアップ（応用編）

 子どもとの関係や集団づくり等のポイント

興味をひくものや「マイルール」を探る

　ケイちゃんがどのようなときに順番を守れたか、守れなかったのかを観察します。興味をひくものが周囲にあって注意が向けられなくなっている場合や、周囲にわかりづらいケイちゃんだけの「マイルール」があったりします。それらを探り、ケイちゃんに応じた環境を整えましょう。

順番が守れたら認める

　「順番を守ったら（列で待っていたら）、うれしいことや楽しいことがある」という経験を積み重ねます。守ることができたらおおいにほめましょう。ケイちゃんは4歳児ですが、このような体験が他の子どもよりもたくさん必要なのではないでしょうか。

保育者のスキルアップ

あいまいな表現で指示をしない

　ケイちゃんは、「**きちんと**並びましょう」「**ちゃんと**並んで」の「きちんと」「ちゃんと」という、あいまいな表現がわかりにくいです。指示を出すときは、「○○君の後ろ」です。「○○君の前」となると○○君がケイちゃんの視野から外れるのでわかりづらいです。また、特定の友だちの後ろに固定することで、いつも○○君の後ろということがわかり、不安が軽減します。

ケイちゃんに寄り添う保育

　園生活は集団の営みであり、順番を守ったり列に並んだりする機会がたくさんあります。この意味で、ケイちゃんは、さまざまな場面で困っているといえます。保育者の、ケイちゃんは「順番を守らない子」という認識と「(集団生活で)困っている子」という認識では、対応に大きな差がでるといえます。

保育者が取り組んだ実践から

　横入りをする子どもはいつも同じ子どもで、トラブルを起こす相手もいつも同じ子どもでした。ケイちゃんは、決まった子どもの後ろに並びたがるので、自由な並び方、決まった並び方など、こちらが並び方を柔軟にしました。どのようにしたら周りの子どもも嫌がらずに並べるのか保育者みんなで考えたところ、「並びっこ競争」などのゲーム要素を取り入れた遊びをしたらどうかという提案をもらい、遊びの面から並ぶ楽しさを共有していくようにしました。

　ケイちゃんの「順番に並ぶ」という認識がどこまであるのかについても話題に出たため、言葉かけと同時に視覚的配慮も行ってみることになりました。

　決まった並び方（グループごとに呼ぶ、名前を呼ぶ）にするとトラブルは減り、ケイちゃんが問題を起こすことは少なくなりましたが、毎回決まった並び方ができないこともあり、ケイちゃんの問題解消へはつながりませんでした。視覚的配慮も、あまり効果はみられませんでした。

　一方、並びっこ競争は予想以上に盛り上がり、毎回楽しんで取り組んでいました。きちんと並ばせなければ、という思いが強かったのですが、「生活におけるしつけも、ゲーム感覚で身につけさせることがあってもいいんだな」という気持ちになり、気持ちが楽になりました。「させなければならない」気持ちが強かったと振り返るいい機会となりました。

場面12：危険な行為

危ない行動が多く、
けがや事故につながりかねません

事　例

サトシ君はとにかく高いところが大好きで、木の上でも棚の上でもすぐに登ってしまいます。サトシ君の姿を見て、他の子もまねをしようとするので目が離せません。高いところからジャンプをするため、下にいる子がけがをしないかハラハラします。

こんな対応していませんか？

「危ないよ！」という注意の頻度を増やしたり、そばに"つきっきり"になったりする

「危険＝制止する」という態度は当然ですが、サトシ君の姿に変化が見られないのは、繰り返される危険な行為の背景を探らず、行動に意識が向きすぎているからかもしれません。

> **改善の主なポイント**
>
> ☑ 安全を確保する環境をつくる
> ☑ クラス全員で安全指導を
> ☑ 他の「楽しい」と感じる遊びを促す
> ☑ 注目される心地よさを感じられるように

危ない行動が多く、けがや事故につながりかねません

サトシ君の本当の気持ち（個の背景、配慮）

安全を確保する環境をつくる①
　保育室のロッカーやおもちゃコーナーは、散らかっていませんか？　保育室が散らかっているだけで、一気に危険なことが増えます。よそ見をしていて何かにつまずき、転倒することが多いかもしれません。

安全を確保する環境をつくる②
　気になる子の中には、危険な場所を誰よりも早く発見し、その場所をしっかり覚えている子どもがいます。いろいろな物を使って、何とか登ろうとします。

安全を確保する環境をつくる③
　"危険"が「どのような状態をさし、どうして（その行為が）いけないのか」ということが理解できない子どもがいます。サトシ君のような子どもは、いくら保育者が危険という言葉を使って注意しても、本人にとっては"危険"ではありません。伝え方に工夫が求められます。

周りにいる子やクラスの様子（集団の背景、配慮）

危険の察知を学んでいる時期
　サトシ君に限らず、就学前の子どもたちは、危険を察知する力が弱いです。この意味では危険を察知・回避することを学んでいる時期といえます。子どもの「安全能力」の形成を目指す意味でも、クラスのみんなに園内外の環境について指導し、話し合う機会を設けましょう。

動線を確保し、環境を整える

子どもたちに「使い終わったおもちゃはすぐに片づける」といった習慣を定着させるようにします。なるべく、保育室をこまめに整理整頓して、子どもたちの動線を確保します。気になる子は、保育室が散らかっているだけで、落ち着きがなくなります。そして、その結果危険な行為をしてしまうことがあります。危険な行為を誘発しないようにしたいものです。

台などをなくす

高いところに登ろうとするのであれば、「登れない環境をつくる」ことが大切です。塀などの高い場所の近くに、台や台の代わりとなる物があると、すぐにそれらを使用し、登ろうとします。したがって、台などを近くに置かないようにするとともに、定期的に見て回り、点検して安全な環境を維持しましょう。

マークなどで知らせる

見てわかりやすいマークやイラストを使って、登ってはいけないところに「×」、または、「のぼらない」などと書いたカードを貼っておき、登ってはいけないことを「一目見てわかる」ようにします。マークやイラストを貼る際に、子どもと一緒に確認しながら貼っていくとよりわかりやすいでしょう。貼った後も、定期的に気になる子と一緒に回りながら確認すると定着しやすいです。

クラスで安全指導を行う

定期的に、子どもたちに安全指導を行います。交通ルールや園での安全に関する約束を子どもたちに理解させるようにしましょう。気になる子の中には、「危険」や「やってはいけないこと」という認識があるものの、「なぜ」そのような行為がいけないのかをうまく理解していない子どもがいます。絵本や紙芝居を使ったり、保育者が寸劇を見せたりする方法が有効です。また、危険な「理由」について、質問を交えてみんなで考えながらすすめていくと理解しやすいです。

危ない行動が多く、けがや事故につながりかねません

さらにステップアップ（応用編）

  子どもとの関係や集団づくり等のポイント

子どもと一緒に楽しい遊びを見つける

　高いところにいる"感覚"が好きなのかもしれません。この場合、高いところに登らないように予防することが大切ですが、それよりも大切なことは高いところで過ごすこと以上の楽しみを見つけ、高いところに登る行為の"代わり"になる楽しみを教えることです。くすぐり合いをしたり、相撲（膝立ち相撲・足相撲など）をしたりなど、子どもが「心地よい」と感じられるような遊びを一緒にしましょう。

注目される場面を設ける

　わざと危ないことをして保育者の気をひこうとする子どもがいます。大きな声で危険な行為をやめるよう促したり、他児と共に危険を知らせたりすると、本人は反応を楽しんでしまいます。保育者は、冷静に対応し、事態を大げさにしないようにしましょう。

　しかし、ここで大事なことは、気をひきたい気持ちからとった行動であれば、他の場面でその欲求に応える必要があります。たとえば、「みんなの前で1日に1回、注目されるような場面をつくる」「他の保育者や保護者の"前で"いいところを伝える」「保育者全員で声をかける」など、認められる場面を意図的に設けていきましょう。

保育者のスキルアップ

パワフルな遊びを保障する

　もともと体力や筋力があって、身体全体を使ってパワフルに遊ぶことを好む子どもかもしれません。築山やジャングルジムなどで一緒に遊ぶなど、子どもの実態にあった遊びができるようにサポートしましょう。

保育者が取り組んだ実践から

　はじめはサトシ君の様子を見守っていましたが、周りを気にせず木や棚の上からジャンプするようになったので、サトシ君が木登りなどをしているときは他児を近づけないようにしました。雨の日は、室内にある棚の上からジャンプをして遊ぶことが多く、部屋の狭さからより危険な場面が増えました。
　「木登りをしてはいけない日」をつくったのですが、サトシ君はできないことにストレスを感じ、より危険な行動が増えてしまいました。そこで、園長先生に協力してもらい、「木登りは園長先生と一緒にする」という約束をしたり、棚の近くには踏み台になるものをなくしたり、他児が入ってこないようにビニールテープで区切りをつけたりしました。

　サトシ君は園長先生と2人っきりでも毎日のように木登りをしていましたが、次第に回数も減っていきました。サトシ君は木登りを通して他児から認められることにうれしさを感じていたため、周りとの接点が少ない状況につまらなさを抱いていたのかもしれません。棚の近くに踏み台になるようなものをなくしてからは、勝手に登ることがなくなり、保育者が見守る中でジャンプするようになりました。他児が区切りの線から入らなくなったため、危険な場面が減りました。
　サトシ君の「したい気持ち」を無理やり止めさせるのではなく、危険な行動を起こさせてしまう環境を改善することが大切だと気づきました。

場面13：ケンカ、トラブル

クラスの子をすぐ叩き、ケンカになることが多いです

事例

毎日のように「先生、テツ君が叩いたー！」と友だちからの苦情が絶えません。テツ君に理由を聞いても、黙ったまま何もしゃべりません。クラスの子から「すぐに叩く」と言われ、仲間に入れてもらえないことが多くなってきました。

こんな対応していませんか？

「なぜ叩くの？」の質問を一方的にする

「なぜ叩くの？」「何回言われたらわかるの？」と言い"続けます"。そのやり取りをクラスの子は見"続けます"。テツ君の行動が変わらないのは、テツ君がどうしていいのかわからず、違うやり取りを求めている証拠といえます。

改善の主なポイント

☑観察にもとづき衝動的な行動を予測する
☑保育者が代弁しつつ、一緒に対応を考える
☑「注意」よりも「受け止める」ことが大切
☑子どもの安全確保を最優先に

テツ君の本当の気持ち（個の背景、配慮）

気持ちのコントロールができない

　自分の思い通りにならないと、頭で考える前に衝動的に手を出してしまいます。テツ君のようなタイプは、衝動的に手が出てしまいますので、あとから「また叩いてしまった…」と自己嫌悪に陥っているケースが多く、この点を保育者は踏まえてかかわらなければなりません。

言葉でうまく伝えられない

　友だちに「いけないんだ」と注意する気持ちや、「こうすべき」という思いを言葉で伝えられず、その結果手が出てしまいます。テツ君のような生真面目で融通がきかない考え方だと友だちのささいな行動が「許せない」と映り、言葉よりも行動で表現することが多く見られます。

気持ちの伝え方がわからない

　「友だちと遊びたい」「好きな気持ちを伝えたい」といった好意的な感情でもコミュニケーションの方法がわからないため、手を出す子がいます。たとえ、叩くことで相手が不快な気持ちを抱いたとしても、反応を得るという目的は達成されてしまいます。

周りにいる子やクラスの様子（集団の背景、配慮）

「こっち見て！」のサイン

　不安定で怒りやすい背景には、家庭や園、あるいは保育者に自分の存在を受け入れてもらいたい気持ちがあるのかもしれません。「怒る」という表し方で声にならないメッセージを保育者に向けて発信しているとも考えられます。

観察にもとづき、衝動的な行動を「予測する」

　保育中のテツ君の様子を観察し、2週間ほど記録をつけます。衝動的な場面が「いつ」「誰と」「どんな状況で」起こっているのかを分析します。簡単なチェック表で構いません。それを元に衝動的な行動をしそうだと予測できるときは、そばにいて行動を止められるようにサポートします。衝動性を未然に抑えられたときには一緒に喜び、ほめられる経験を積み重ねます。できれば、全保育者でテツ君を観察し情報を集めて検討すると、担任保育者からは見えなかった姿が現れ、新たな対応策が得られるでしょう。

保育者が代弁しつつ、一緒に対応を考える

　保育者は具体的に「こうすると伝わる」ことを言葉とモデルで示し、その言葉をテツ君と繰り返し練習します。少し余裕があれば、その場にあった言葉を選び出せる子もいます。「"並ぶんだよ"って伝えたかったんだよね」など気持ちを代弁し、共感します。そして一緒に振り返りながら、「どう言えば伝わるかな？」と導きながらテツ君の言葉で伝えられるようにします。

子ども任せにせず、保育者が間に入る

　この場合だと子ども同士で解決することはまず不可能です。そこで、子ども同士の関係が悪くならないうちに、その子の「好きなこと」「得意なこと」を活かしながら2人の間を取りもちましょう。また、その子が周りの子とかかわろうとしているときは、「テツ君、"楽しそうだね"って言うんだよ」などと伝えましょう。

「個」があっての「集団」

　「先生、僕を見て！」という不安でつらい心の叫びかもしれません。保育者の「いけない行為。謝らせたい」という発想は、集団の中でのあるべき姿を求めている保育者の考えが根底にあるのかもしれません。しかし、まず「個」と向き合ってはじめて、「集団」がつくられることを押さえておきましょう。

クラスの子をすぐ叩き、ケンカになることが多いです

さらにステップアップ（応用編）

 子どもとの関係や集団づくり等のポイント

安全を確保する

　子どもの乱暴な行動には、まずは子どもの安全を第一に考えます。言葉による対応よりも行動での対応を優先させます。物を投げたりしたときには、①物を取り上げる、②（投げないように）周囲の物をどける、③周囲の物をどけつつ、他児を安全な場所に移動させる、という流れにします。保育者が一人で対応せず、周囲の保育者に支援を求めましょう。

保護者が暴力的な行為をする

　「物事を暴力で解決する」という家庭で偏った生活をしている場合も考えられます。保育者は、子どもの気持ちを代弁するとともに言葉で表現するよう促します。また、暴力的な行為ではなく、社会的に許される行動（壁にやわらかいボールをぶつける、新聞紙を破くなど）に変えていき、気持ちを静める方法を身につけるようにします。家庭における対応は、全保育者で検討し、場合によっては保健師と連携を取りながら働きかけていきましょう。

保育者のスキルアップ

「注意」よりも「受け止める」ことが大切

　テツ君のようなタイプは、「○○してはいけません」と伝えると自分のしていることのすべてを否定されたと受け止め、怒り出します。"否定された＝怒る"となります。保育者は、「いけないことは伝える」という気持ちがあり、まず制止してしまいがちです。しかし、テツ君としては「わかってもらえない」と感じ、怒りが増します。

　まずは「○○と言われて（されて）、怒ったんだね」と気持ちを受け止めるところから始めましょう。

保育者が取り組んだ実践から

　テツ君は真面目で自分のすべきことを理解して生活しています。本が好きで、朝の仕度が終わると必ず決まった本を読んでいました。落ち着いていることも多いので、まずは行動の様子を記録し、テツ君が叩いてしまう原因を探ることにしました。ケンカの報告が朝の着替えの時間に多いことから、「クラスの雰囲気はどうなのか」「騒がしいと落ち着きがなくなるのではないか」という視点からも見直すことにしました。
　テツ君は自分の気持ちを相手に伝えることが苦手なので、今の気持ちが相手に伝わるような方法がないか、他クラスの先生とも話し合い、検討していくことにしました。

　記録から読みとると、着替えや準備など、クラスが落ち着かない雰囲気の中で絵本を読んでいることにストレスを感じているようでした。自分の気持ちを理解してくれない友だちに苛立ちを感じトラブルにつながっていました。ゆったりとした雰囲気で絵本が読めるように別室に絵本コーナーを設けると、よく利用するようになりました。また、自分の思いを伝えることが難しい様子でしたが、顔の表情マークを提示することで指さしをして伝えられるようになったり、思いをそのつど保育者と一緒に伝えたりするようになっていきました。そして少しずつ「やめて」「どいて」が言えるようになっていきました。
　「叩く」行為には原因があり、どこにつまずきがあるのかを理解しないとその子どもへの支援にならないと感じました。

第3章

「発達が気になる子」の保護者への対応

① 気になる子の保護者への対応

　この章では、発達が気になる子の保護者への対応について考えます。気になる子の保護者との関係づくりを捉えながら、気になる子の保護者の特徴や保護者が置かれている現状を整理しながら対応を考えていきましょう。

（1）なぜ連携がとりにくいのか

　保育者は、気になる子への対応を考えるとき、気になる子への支援と同時に保護者への対応も常に考えてしまいます。また、気になる子との関係づくりと同じくらい、保護者との関係づくりも難しいことが少なくありません。

　筆者が巡回相談員として園にお邪魔すると必ずと言っていいほど、気になる子の相談とともに保護者についての話題が出ます。仮に保育者が気になる子への悩みを解消したとしても、次に「でも（気になる子の）保護者が…」と保護者への悩みが出てきます。つまり、保育者にとって気になる子への悩みと保護者への悩みはいつも一体だと考えられます。

　では、保育者の「保護者とかかわるうえでの悩み」について整理していきましょう。保育者が抱える一番大きな悩みは、「保護者に気になる子の姿を

どのように伝えたらよいか」です。この悩みは、保護者に気になる子の話題を出した後ではなく、やり取りをする以前の問題です。

　就学前の子どもを対象とする保育者は、就学以降にはない特有の課題がいくつかあります。対象とする子どもが低年齢のため、気になる行動が「幼さからくるものなのか」「発達のアンバランスからくるものなのか」の判断がつきにくいことです。たとえば、「落ち着きがない」

といっても、幼児期特有の行動とも受け止められるため、どちらの背景からくる姿なのか特定しにくい面をもっています。集団生活に入ってからつまずきが表面化する「社会性」に課題があり、社会性は端的に数字で表すことができないため、保護者と課題を共有することが難しいと考えられます。さらに、1対1の場面では落ち着いているのに、集団での場面となると途端に落ち着きがなくなる子どもがいます。このあたりが、保育者が悩む要因なのではないでしょうか。

（2）伝える前にやるべきこと

保護者に子どもの状態を伝えようと試みたものの、子どもの課題を意識していなかったり、認めようとしていなかったり、といった経験はありませんか？　これには保護者が「今、自分の子どもをどのように受け止めているか」を踏まえることから始めなければなりません。これはいくつかのタイプに大別できます。

タイプ別の保護者を理解する前に、自分の子どもの状態を受け止める保護者についてふれたいと思います。第1章で述べたように気になる子の中には発達障害がある子どもも含まれています。ここでは、**子どもの状態を受け止めるプロセス**がわかりやすいように障害受容を例に挙げます。

●障害を受け止めるということ

子どもの障害や他児との違いをなかなか受け止めようとしない保護者とのかかわりは、保育者の頭を悩ませます。わが子の障害の受容ができていない保護者への対応について、認識しておかなければならない原則ともいうべきことがあります。それは、障害受容は非常に複雑で時間がかかるプロセスをたどる、ということです。

保護者がわが子の障害を受容するには、とても長い時間を必要とし、またそのときの保護者の周囲の環境によって受け止め方は実にさまざまです。夫

婦によっても子どもの見方が違って、同じ子どもを対象としていても受容の程度が異なることも十分予想されます。さらに、祖父母とも捉え方に差が出ることもあります。

　したがって単純に「受容ができない＝保護者の子どもに対する理解力不足」とはいえないということです。つまり、「子どもの状態を理解させる」という強引な姿勢では保育者が望んでいる結果を得ることはできないと考えましょう。保護者が障害を受容できない背景を探り、強引なやり方を避ける必要があります。時に「子どものためだから、われわれ保育者が悪者になってでもいいから、何とかして専門機関へつなげよう」と意気込む保育者がいます。しかしこれがうまくいくためには、事前に専門機関と十分な役割分担ができていることが前提となります。

　幼稚園や保育所は、それまで家庭で過ごしてきた子どもが人生ではじめて社会に入る場所となります。<u>入園後に否定的な評価を受けることは、保護者にとってこれまでの自分の子育てを否定されたと受け止めてしまいがちです</u>。入園後まもなく、園から「あなたのこれまでの子育てやかかわりはダメ」と否定的な評価を受けると、その後にさまざまな専門機関とかかわる保護者にとってとてもダメージが大きいです。また、仮に専門機関とつながっても、子育てを否定的に評価された保護者は、誰に対しても不信感や反抗心を抱く危険性があります。

● 保護者に「何を求めて何を伝えたいのか？」

　気になる子の状態を保護者に伝える際に大切なことは、「焦らないこと」です。また、伝える前には、必ず「自分たちは、保護者に何を求め、何を伝えたいか」を整理してから伝えましょう。<u>保護者は、保育者の意図するところが見えないと途端に不安になります</u>。たとえば、保育者がよりよい連携を求めて子ども

の気になる姿を伝えたとしても、保護者としては保育者から「これだけ（私たちは）困っています」と言われているのではないかと受け止めてしまいます。園ではどのように取り組んでいるか、今後どう取り組んでいくのかといったことを整理したうえで、子どもの様子や心配に感じていることを伝えましょう。

（3）保護者の「今の状態」を捉える

　気になる子の多くは、家庭にいるときには目立った行動をみせず、同年齢の集団生活になると目立った気になる姿をみせます。したがって、子どもに対して保育者と保護者が同じ認識をもっていないことが予想されます。当然、保護者と共通の認識をもつべきですが、保護者が子どもの姿を受け止める状況にはいくつかのタイプにわかれます。保護者が今どのタイプなのかを見定めたうえで、対応を考えていかないと行き違いになることがあります。

【Aタイプ】子どもの問題を意識していない

　自分の子どもの発達を客観的に捉えられない保護者がこのタイプです。「自分の子どもしかみていない」か、もしくは「子どもの状態を理解する視点をもち合わせていない」か、などの要因があります。まずは子どもの行動に気づかせる働きかけが求められます。焦らず、じっくり関係をつくっていくことから始めましょう。

　具体的な取り組みとしては、送迎時などの日常的なコミュニケーションを大切にします。深刻な話題を出すには「それなりの下地」が必要です。保護者との挨拶やさりげない言葉かけなど自身の雰囲気や表情を含め、今一度確認してみるとよいでしょう。保護者に子どもの問題を意識するように仕向けるという姿勢は、保護者に伝わり、かえって身構えさせてしまいます。まずは子どもの「良かった行動や楽しかった出来事」を中心に保護者と談笑できるレベルを目指しましょう。

しかし近年の保育現場では、先述のような丁寧なかかわりをしても一向に関係性に変化がみられない保護者が増えてきています。そのような保護者の多くは、「話をしていてもかみ合わない」「視線が合わない」「話の内容を極端に受け止める」など、**やり取りに違和感を抱く保護者**です。また、中には精神疾患を抱えている保護者もいます。やり取りに違和感を抱く保護者は、気になる子と同じ特性をもっている保護者かもしれません。

【Bタイプ】子どもの問題を心配しているが、保育者に相談しようか迷っている
　子どもの問題に気づいていて、保育者に相談しようとしています。しかし、年度はじめであったり、保育者を相談する対象として考えられなかったりする、いわばまだ保護者との基本的な信頼関係ができていない状態です。保護者に「この人なら相談できるかも」と思えるような親しみを感じさせる接し方を心がけます。日ごろの接し方を振り返ってみるには、同僚保育者にお願いをして保護者と接している様子をみてもらい、気がついた点を教えてもらうと客観的な視点が入り、保護者との接し方を振り返りやすいです。

【Cタイプ】子どもの問題を心配しているが、保育者に相談しようと思っていない
　保護者にとって保育者は、子育てや子どもについての相談者の頭数に入っていません。「相談しても適切な助言を得られるわけではない」と思っている保護者が多いです。また、もしかしたら保育者への相談を「保育者に相談をして、障害児扱いされても困る」といったデメリットの方が多いと考えているのかもしれません。発達の専門家としての保育者としてみられていない可能性があります。
　保育者として悔しい限りですが、まずは子どもを深く理解し、"現在の子どもの姿"と"配慮していること"をわかりやすく保護者に伝えられるようにするところからスタートです。そして、子どもの良い面を繰り返し強調し、「この先生は、頼りがいがあり、子どもの良い面をしっかりみてくれて

いる」という安心を与えます。

【Dタイプ】子どもの問題を心配しているが、周囲には隠したい

　Dタイプで重要な点は、保護者が子どもの問題に気がついている"にもかかわらず「隠したい"ことです。したがって、【A】～【C】タイプと違い、保育者からのアプローチは必要最低限にして、保護者が相談してくるまで待つことが求められます。

　このタイプは、保護者の子どもの行動を隠したい気持ちがすでに周囲に伝わっている可能性があり、保護者自身が周囲から追い込まれているかもしれません。たとえば母親が夫をはじめ親族関係から、子育てについて非難され、園でも家庭でも孤立していることが予想されます。

　また、気になる子の保護者が他児の保護者から「クレーム」という形で子どもの園での行動を逐一耳にしていることも珍しくありません。園での情報が他児の保護者から経由して耳に入ることがあるとトラブルのもとになります。まずは、さまざまな情報を収集して保護者が現在置かれている実態を把握しましょう。保護者が保育者の話を受け止められると判断できるときは「あいまいな表現」ではなく、「正確な情報」を伝えます。<u>保育者は、保護者の唯一の理解者になるよう努めましょう。</u>

❷ 保護者とのやり取りで配慮すること

（1）保護者対応の基本的な姿勢

　【A】～【D】のタイプがありましたが、共通している基本的な姿勢があります。それはどのタイプでも、配慮していることや工夫していることを**積み重ねていく**ということです。そして園で手ごたえがあった対応方法を少し

ずつ保護者に伝えていきます。伝える際のポイントは、事実を伝えてから、配慮していることを伝えます。たとえば「私が後ろになって、手を重ねてはさみを持つようにしたら、スムーズに使えるようになりました。言葉よりも実際にやってみたほうがわかりやすいようです。ぜひご家庭でもやってみてください。あとは、少しずつ手伝うことを少なくしていくといいですね」などのように伝えます。このよう

な話を受けて保護者が家庭でやってみて子どもの変化が感じられると、保育者への信頼感が増していきます。

　一方で、気になる子への対応は他の子どもたちと違い、難しい面をもっています。保育者が一人ですべての対応をしようとせず、他の保育者と協力して情報を共有していくとよいでしょう。

（２）「その場限りの安心」や「ストレートな表現」の危険性

　保育という仕事は、**対人援助職**です。そのため、相手の痛みや悲しみに敏感に反応しなければならない仕事です。保育者の多くは、他職種の人と比較すると、相手の感情を察したり受け止めたりすることに長けています。したがって、困窮している保護者に対して、何となくなぐさめのような言葉をかけたくなるかもしれません。つい「大丈夫だと思います」「前にも同じようなタイプの子どもを担任したことがあります」といった気休めのような言葉を使いたくなる気持ちもわかります。また、仮に保護者が子どもの気になる行動をどのように捉えてよいかわからず、保育者に意見を迫ったとします。保育者は、それをプレッシャーに感じてつい「もう少し様子をみましょう」と避けたくなる気持ちもわかります。

　しかし、このような言葉を保護者に伝えても、根本的な解決にならず、問題を棚上げしているだけです。また残念ながら最近では、責任ある立場にい

ない保育者（担任保育者以外）がこのような不確かであいまいな言葉を口にするケースが多くみられます。

　このような発言をする際には、**確かな根拠**が求められます。仮にその場をしのいだ保育者はよいかもしれませんが、後々傷つくのは他でもない保護者です。保護者は、保育者の気休めの言葉を信頼し、それを頼りに子どもと接していきます。仮に問題に気がついていたとしても、「もう少しでわが子を障害児扱いにしてしまうところだった」「考えすぎだった」「わが子の成長を信じてあげられなかった」などの"保護者としての自分"を振り返り、自信がもてなくなってしまいます。それだけ保護者にとって保育者の言葉は、影響力があります。

　学年があがっても子どもの姿に変化がないため、保護者はわが子の成長を感じられません。友だちと"何かが違う"状況が目立っていき、"何かが違う"状況を目にしながら保護者は日々思い悩んでいきます。

保育者は、言葉の重みを自覚しつつ、気休めの言葉や逆にストレートすぎる言葉を控えましょう。

（3）子どもと同じように家族もそれぞれ違う

　保育者であれば、「一人ひとりの子どもにきめ細やかな〜」や「一人ひとりの健やかな育ちを〜」といった**「一人ひとり」**という言葉を大事にし、これまで幾度となく意識してきたと思います。

　では、「一人ひとり」という言葉を保護者に当てはめてみるとどうでしょうか？　途端に大きなくくりで、保護者を捉えている人も多いのではないでしょうか。大切なのは、保護者を客観的に捉えることです。もしかしたら「保護者の状態を捉える」と聞くと抵抗を感じるかもしれません。「相手は大

人で、社会に出ている人なのに、上から目線では」と感じるかもしれません。しかし、保護者はそれぞれの生活環境で、それぞれ抱えているものが違います。個別に捉えず、一律に対応すると保育者自身も行き詰まり、結果として保護者を苦しめます。"A君"の家族には手ごたえがあった対応が、"Bちゃん"の家族には当てはまらないことが多いです。一律の対応ではなく、できそうなことから伝えながら、「今のお母さん（お父さん）は、この話を受け止められるだろうか」と一旦立ち止まるくせをつけるぐらいが丁度いいでしょう。

　保育者が日々の送迎時に見せる姿は、家族や同居人だけでなく、居住区域などからも影響を受けています。特に近年では、経済状態からの影響が強い家族が増えてきています。できる限り、家族に関する情報を集め、その家族に合った対応を検討していきましょう。

　残念ですが、このような対応にはマニュアルはありません。繰り返しになりますが、多面的な情報を集めるために、個人情報に留意しながら保育者集団で取り組み、できるだけ保護者の求めているところを考えながら対応していきましょう。

（４）子どもの状態が伝わることをゴールにしない

　【Ａタイプ】（子どもの問題を意識していない）の保護者が、仮に子どもの状態を正確に把握し、受け止めたとします。保育者は、保護者に伝えたいことが適切に伝わり、目標となる状態になったことで安堵します。<u>時に、ゴールが"保護者に伝えたいことが伝わること"にすり替わってしまい、伝わったことで保護者へのかかわりを一気に減少させる保育者がいます。</u>

　伝わることは、支援のスタートラインに立ったにすぎません。ここからが大切で、対象児のよりよい支援が始まるのです。繰り返しになりますが、保護者対応は保育者集団で取り組み、ペース配分を検討しながら取り組みましょう。

(5) 保護者の気持ちの揺れに寄り添う

　子どもの状態を理解していないわけではないのですが、どうしても焦ってしまう保護者がいます。たとえば、昨日肯定的な表現を子どもに向けていたと思ったら、次の日には一転して否定的な表現だけをする保護者です。前日に「ようやくですが、最初から最後まで朝の準備を自分でするようになりました」と笑顔で話していたと思ったら、次の日に「クラスのお友だちと比べないように比べないように、といつも思っているんです。うちの子はうちの子のペースで…でも…」とため息交じりで保育者に話をしたりします。

　焦っている保護者が子どもに向ける言葉の大半は、小言を並べるパターンです。しかし、保護者のほとんどは、小言を言ったあとに自分を振り返り、反省します。「成長を願う気持ち」と「現状を受け入れなければならない気持ち」のせめぎ合いです。

　この保護者の状態を、視点を変えて捉えてみると「子どもへの評価ができているからこそ焦る」となります。したがって、保育者は「現状を受け入れながらも子どもの成長を願うことは親として当然のことである」というメッセージを伝える必要があります。そして、他児と比較しながら話をするのではなくて、「子どもの現在の姿と過去の姿」を比較しながら話をします。他児との比較を成長の中心におきがちな保護者には、「進級当初は、私と一緒に取り組んでいましたが、今日は半分まで自分で作りました」と伝えると成長プロセスがわかりやすく伝わります。

❸「家では困っていません」という言葉の背景

　気になる子の状態を伝え、保護者と連携を取ろうとして意を決して伝えたとしても「そうですか。でも家ではできますよ。困っていません」と返され、話が平行線のままで終わってしまった経験はありませんか。先述の【Aタイプ】(子どもの問題を意識していない)に属するタイプです。まずは、保護者のこの言葉の背景を探っていきましょう。

　大きく分けると2つの家族像が挙げられ、困らないようにするためのものを家族の中に"つくっている"可能性が考えられます。

(1) 困らないシステムを"つくる"

　仮に、園から伝えたい内容が「落ち着きがなく、動きを制止しようとするとパニックになる」ことだとします。この状態が家庭に一切ない、という家族にはどのような背景があるでしょうか。保護者が子どもに関心をよせず、家では子どもが自由に過ごしているケースが考えられます。「落ち着きがあるかないかがわかるほど、子どもと強くかかわっていない」ということです。かかわりがないため、子どもは保護者からの制止を受けることなく自由に過ごしていると考えられます。そして結果として何の制約もないためパニックにならない、ということです。

　近年このケースが増加してきています。

> 　朝の会や活動など、みんなが集まる場面では決まって離席をしたり、友だちにちょっかいを出したりするアキラ君。保育者はその都度注意して、参加させようとするが、暴れたり、保育室から出ていってしまう。保育者は、どうしたらよいかわからず、まずは保護者に園の様子を伝えた。

すると驚いた表情で「パニックですか？　家ではありません。それに動きまわるといったこともありませんが」と言われた。家での様子を聞いてみると「家ではテレビゲームをしていることが多いです。大人がやる難しいゲームも集中してやっています。集中力は小学校にいっても必要ですし、やりたいようにさせています」と言われ、さらに「主人もゲームが好きで子どもと一緒になって楽しんでいます。忙しい主人にとって大切なふれ合いの時間になっています」と強く言われ、保育者はどう返してよいか言葉につまった。

　ゲームをする時間を確保されているアキラ君にとって、自宅は快適そのものなのでしょう。もし、母親がゲームを急に中断させたら、アキラ君はパニックになるかもしれません。おそらくこの母親は、「集中力」や「ふれ合いの時間」というもっともらしい言葉によって、ゲームだけをして過ごしていることを正当化していると考えられます。
　「ゲームをしていれば"母親は"困らない」というパターンを家庭に定着させたのでしょう。「困らないようにするには、困らなくてすむ家族の生活をつくる」という形が極端に出たケースです。

（2）親が一方的な関係を"つくる"

　（1）と同様に家庭での生活を"つくる"のですが、内容が全く逆の場合もあります。保護者自身が困らないようにするために、子どもの自由を制限し支配的な親子関係をつくってしまうタイプです。虐待にきわめて近い状態です。子どもの声を聞かず、しつけと称して一方的に注意や叱責、さらには

禁止や命令までもします。したがって、保育者が園での様子を保護者に伝えても、「先生は対応が甘いからそうなるんだ。悪いことは悪い、とちゃんと伝えていかないといけないんだ」と返されてしまいます。このタイプだと虐待も視野に入れ、保育者同士はもちろん、関係機関と連携を取り合って対応すべきでしょう。

気になる子の保護者と他児の保護者との関係

　はじめに、気になる子がクラスにいることで生じる「気になる子の保護者」「他児の保護者」のそれぞれの気持ちや状況を整理して考えてみましょう。

● 気になる子の保護者

　気になる子の保護者は、自分の子どもがクラスのみんなに迷惑をかけているのではないか、という不安でいっぱいです。そのため、「どう思われているのか」「しつけがなっていないと言われるのではないか」といった周囲に対して疑心暗鬼に近い心理状態となり、他児の保護者と積極的にコミュニケーションをとることができません。そして、その結果孤立してしまうケースが多くみられます。クラスの保護者が、自分に対して批判的な目を向けていると思い込んでいることもあります。

● 他児の保護者

　気になる子の中には、攻撃的な行動をとったり、多動のため集団活動を妨げるような行動をとったり、または相手の気持ちを推測することが苦手なためしつこくかかわったりする子などがいます。これらの行動には悪意がない

ことのほうが多いのですが、被害を受けた他児の保護者は気になる子の行動をおだやかに受け止めることは難しいと考えられます。さらに、気になる子の多くは保育者とかかわる機会が多くなってしまうため、自分の子どもへの対応が後回しになっているのではないかと心配になる保護者もいます。

（1）トラブルへの対応
①中立的な立場をとる

　このようにそれぞれの保護者の立場や気持ちを理解したうえで、今度はトラブルが生じた際の保育者の配慮点をおさえましょう。気になる子と他児との間でトラブルが起きたときは、できるだけ速やかに客観的な視点から捉えて、両方の保護者と連絡を取りましょう。気になる子と他児とのトラブルでは、トラブルになる相手が同じで、繰り返し起こっていることが多いです。したがって、他児の保護者は、「また!?」「何回言えば…」となかなか冷静になれるものではありません。相手の保護者の心情を受け止めることを最優先にして、そのうえで園において起こったことであり、管理する立場の者として行き届かなかったことを誠実に詫びます。

　そして、気になる子は相手を困らせてやろうとする気持ちではなく、願望や拒否したい気持ちなどが強く出た結果であることも伝えます。

　ただし、ここで陥りがちなポイントがあります。それは気になる子の状態を相手の保護者に"理解してもらいたい"気持ちから、気になる子を肯定的に表現し続けると、「先生は、○○君（気になる子）をいつもかばう」という不全感だけが残ります。あくまでも**中立的な立場**を貫きましょう。

②サポーターをつくる

　保育者は、トラブルがあった相手の保護者に対してただ謝るだけではなく、同じような問題が起こらないように園として改善策を講じることを伝え、トラブルをそのままにしていないことをアピールすることも求められます。アピールすることで少しずつ相手の保護者も気になる子の状態からクラスの雰囲気までわかってきて、保護者なりに理解していくことが少なくありません。すると次第に、機会があるたびに気になる子へ声をかけたり、気になる子の保護者に話しかけたりする人が出てきます。クラス全員の保護者がそのようにあたたかく見守ってくれるわけではありませんが、そのような保護者がいると気になる子の行動に寛容になり、クラス全体に波及していくものです。

　また、懇談会や保育参観などを利用して、保育者が園児一人ひとりを大切に思い、接していることをアピールしましょう。そして、安心して過ごせるクラスづくりを目指していることへの理解を保護者に求めます。

・**気になる子のことをクラス全員の保護者に伝えることについて**

　気になる子の保護者が「自分の子どものことをクラスの保護者に理解してもらいたいので、機会をつくってほしい」と申し出てくることがあります。たしかに保護者会などの機会を利用して理解してもらうことはスムーズで効果的かもしれません。ただし、これにはいくつかポイントがあります。

　まず、気になる子関連の書籍において目にする、障害の周知をした事例の多くは「成功した事例」です。しかし、そのような事例は、それの何倍もの「失敗した事例」の上に成り立っています。クラスの子どもたちの雰囲気や保護者の年齢、また居住地域など総合的に判断しなければなりません。慎重に進めるべきです。

　次に、気になる子の保護者には、周知によるメリットやデメリットを十分伝える必要があります。たとえば、「気になる子に悪意はない」「子育てのせ

いでもないし、本人もがんばっている」と理解してもらえるなどのメリット、「気になる子から暴力を振るわれるかもしれないから近づかないこと」と極端に受け止められたり、常に周囲から同情的な姿勢でかかわってこられたりするなどのデメリットが挙げられます。

　また、周知には専門機関との十分な事前の打ち合わせが不可欠です。気になる子にかかわる全員と話し合いを重ね、けっして保護者と保育者だけで行動に移さないようにしましょう。

　最後に、保育者から保護者に周知を求める場合も考えられます。これも気になる子の保護者と十分に話し合いを重ねましょう。気になる子の保護者が、クラスの保護者に自分の子の状態を伝えることができる段階なのか、まだそうではないのかを確かめましょう。当然、「まだ言いたくない」「知られたくない」という気持ちがあれば、やめます。保育者が気になる子にかかわるのは、幼児期の一時期だけです。しかし、保護者は子どもの人生に一生寄り添っていかなければなりません。保育者は、このことを常に念頭に入れておきたいものです。

4　気になる子の保護者と他児の保護者との関係

【編　著】

守　巧（もり・たくみ）

東京家政大学子ども学部子ども支援学科講師。特別支援教育士。

横浜国立大学教育人間科学部特殊教育特別専攻科修了後、幼稚園教諭として10年間勤務。聖学院大学大学院人間福祉学研究科修士課程を修了し、東京福祉大学短期大学部助教を経て現在に至る。専門は、幼児教育学、保育学、特別支援教育。公益財団法人幼少年教育研究所「気になる」子どもの保育研究部会会長、狭山市巡回指導員、狭山市就学支援委員、港区特別支援アドバイザーを務める。

主な著書は、『演習　保育内容総論　あなたならどうしますか？』（編著、萌文書林、2014年）、『施設実習パーフェクトガイド』（わかば社、筆者代表、2014年）、『幼稚園・保育所実習　パーフェクトガイド』（共著、わかば社、2012年）、『保育内容人間関係　あなたならどうしますか？』（共著、萌文書林、2012年）

【事例執筆者】（五十音順）

南部利奈（なんぶ・りな）戸山幼稚園

長谷川幸男（はせがわ・さちお）宝仙学園幼稚園

畠野彩（はたの・あや）戸山幼稚園

山内幸子（やまのうち・さちこ）亀戸幼稚園

気になる子とともに育つ
クラス運営・保育のポイント

2016年1月1日　初　版　発　行
2017年9月15日　初版第2刷発行

編　著　　守　巧
発行者　　荘村明彦
発行所　　中央法規出版株式会社
　　　　　〒110-0016　東京都台東区台東3-29-1　中央法規ビル
　　　　　営業　　　Tel 03(3834)5817　Fax 03(3837)8037
　　　　　書店窓口　Tel 03(3834)5815　Fax 03(3837)8035
　　　　　編集　　　Tel 03(3834)5812　Fax 03(3837)8032
　　　　　https://www.chuohoki.co.jp/

印刷・製本　　　　　　長野印刷商工株式会社
装幀・本文デザイン　　ISSHIKI
カバー・本文イラスト　ツシマ千晴

定価はカバーに表示してあります。
ISBN 978-4-8058-5282-8

本書のコピー、スキャン、デジタル化等の無断複製は、著作権法上での例外を除き禁じられています。また、本書を代行業者等の第三者に依頼してコピー、スキャン、デジタル化することは、たとえ個人や家庭内での利用であっても著作権法違反です。

落丁本・乱丁本はお取替えいたします。